KB251985

광고글쓰기의 아트

The Art of Writing Advertising

Conversations with

William **Bernbach**

Leo **Burnett**

George **Gribbin**

David **Ogilvy**

Rosser **Reeves**

The Art of Writing Advertising
Copyright © 2003 by D.Higgins, & W.Bernbach
Published by arrangement with the McGraw-Hill Companies, Inc.
All rights reserved.

Korean Translation Copyright © 2003 by Bookorea Publishing Co.
Korean edition is published by arrangement with The McGraw-Hill
Companies, Inc. through Imprima Korea Agency

이 책의 한국어판 저작권은 Imprima Korea Agency를 통해
The McGraw-Hill Companies, Inc.와의 독점계약으로 북코리아에 있습니다.
저작권법에 의해 한국 내에서 보호를 받는 저작물이므로
무단전재와 무단복제를 금합니다.

The Art of
Writing
ADVERTISING

Bk AD·BOOKS

광고글쓰기의 아트

5인의 거장 카피라이터, 위대한 광고의 비결을 말하다!

데니스 히긴스 엮음 · 이현우 옮김

북코리아

광고글쓰기의 아트
5인의 거장 카피라이터, 위대한 광고의 비결을 말하다!

초판발행 | 2003년 6월 15일
재판발행 | 2010년 2월 25일
엮은이 | 데니스 히긴스
옮긴이 | 이현우
펴낸이 | 이찬규
펴낸곳 | 북코리아
등록번호 | 제 03-01240호
주소 | 121-801 서울시 마포구 공덕동 115-13
전화 | (02) 704-7840
팩스 | (02) 704-7848
e-mail | sunhaksa@korea.com
homepage | www.sunhaksa.com
값 7,000원
ISBN 89-89316-19-7 03300

■ 본서의 무단복제행위를 금하며, 잘못된 책은 바꾸어 드립니다.

책머리에

대다수의 사람들에게 있어 글쓰기는 외롭고 절망적이고 어쩌면 불유쾌한 체험이다. 진짜 글쓰기 과정을 즐기는 사람은 흔치 않다. 대부분은 쓰여진 글을 즐길 뿐 종이갈피 사이에 펜을 갈기거나 타이프라이터의 키를 두드리는 실제 작업을 즐기진 않는다.

글쓰기라는 작업을 위해 스스로를 옥죄는 것은 일종의 공포다. 그래서 사람들은 최후의 일각까지 미적거린다. 글쓰기는 끝없는 번잡(煩雜)과 부질없는 의식(儀式)의 반복이다. 마치 야구 투수가 최후에 팔을 뻗어 실제 피칭모션을 하기 전에 행하는 무수한 비틀림 동작과도 같다.

종이는 딱맞게 준비되고 타이프라이터와 펜은 제자리에 정돈되어 있어야 한다. 커피를 꼭 마시거나 아니면 입에 대지도 말아야 한다. 창문은 꼭 닫든지 활짝 열어두든지 아니면 적당히 맞춰져 있어야 한다. 의자는 알맞은 높이로 제자리에 있어야 한다. 새로 돋아난 목덜미의 우스꽝스런 반점은 침실 거울에 비춰보고 꼼꼼하게 지워야 한다. 빌딩숲 창문에 옆모습이 비친 아가씨에 대해서도 꼼꼼히 뜯어보고 씹어봐야 한다. 시간이 흐르고 그래서 더 이상 뒤로 미룰 수 없는 순간이 되어서야 덧없는 의식은 끝이 난다. 글쓰기는 이렇게 시작이 되는 것이다…….

이런 참담한 체험을 『애드버타이징 에이지』(Adervertising Age)의 대표편집인 James Vincent O'Gara는 익히 알고 공감하고 있는 터였다. 그래서 그는 편집주간 Denis Higgins에게 다섯 명의 광고거장과 인터뷰할 것을 제의했던 것이다. 그들은 이미 뉴욕 카피라이터 명예의 전당에 추대된 인물들이었다.

"이 업(業)의 핵심은 종이 위에 돈이 되는 말귀 한 마디를 적는 것이다." "또한 다른 글쟁이와 마찬가지로 광고라이터는 실제로 무지막지한 시행착오를 거쳐 한 페이지의 인쇄광고 카피나 텔레비전 커머셜, 때로는 수월하게 위제트A를 조합하는 방법에 대한 설명서를 만들어 내게 된다. 이 성공한 거장들과, 그들이 카피를 위해 바치는 사소하지만 중요한 것들에 대해 얘기해 보라. 혹시 그 일이 아주 매끄럽게 돌아가도록 하는 무슨 비결이라도 개발하고 있는지 알아보라. 그 풍부한 체험에서 얻은 교훈으로 하여금 다른 라이터에게 영감을 주어서 더 빨리, 덜 헤매고 일을 더 잘 할 수 있게 도와주는 방법은 없는지 물어보라.” 그의 주문은 이랬다.

그래서 데니스 히긴스는 이 다섯 명의 포로를 찾아내서 녹음기로 무장한 채, 그들에게 해가 되지 않는 한 웅큼의 질문과 흥미롭고도 낯설은 생각으로 공략해 들어갔다.

이 자리에서 나온 얘기들이 이 책에 소개되어 있다. 대담자들은 글쓰기를 하기 전에 어떻게 마음 준비를 할 것인가를 현학적으로 토론하기보다는, 글쓰기에 관한 그들만의 비책을 아주 흥미롭게 털어놓았다.

『애드버타이징 에이지』 특집으로 이 토론이 출간되자 사람들은 엄청난 관심을 나타냈다. 그들의 무궁무진한 재창조에 대해 무수한 질문이 터져 나왔다. 광고 또는 글쓰기, 그

리고 어떤 형태의 표현방식에 약간이라도 관심을 가진 독자
라면 이 다섯 사람과의 인터뷰는 쏙쏙 빨려들 만큼 흥미있
는 그 무엇이 될 것이다. 여기에는 그들의 작품의 모든 것과
제작기술, 아이디어, 신조와 이상에 관한 격식 없이 자유롭
고 소신있게 개진된 생각들이 다 담겨 있다. 대화에 기꺼이
동참하길 권유한다.

S.R. Bernstein

『애드버타이징 에이지』 발행인

옮기면서

어디선가 본 글을 육성으로 다시 만나는 것은 가슴뛰는 일
이다. 이 책은 그런 의미에서 글이 아니다. 대가들의 살아
있는 음성이다. 우리가 광고에 발을 들여놓으면서 스승으로
모셔왔던 거장들. 광고 교과서에서 때론 이론으로, 때론 공
식으로, 때론 잠언으로 만나왔던 그 분들의 삶을 이제 인터
뷰의 형식으로 다시 만난다.

세계 광고계에 변함없는 영향력을 행사하고 있는 『Adver-
tising Age』가 5인의 거장 카피라이터들을 초대했다. 편집주
간이었던 Denis Higgins는 그들의 광고철학과 작품배경 등
을 노련하게 그리고 집요하게 파고들었다. 궁금한 것들을
속속들이 캐묻고 추궁해서 마침내 크리에이터의 양심선언
을 이끌어내고 만다.

그들의 이야기는 철학이라 불리기에는 너무 진솔하다. 이

론이라 불리기에는 너무 생생하다. 한 인간의 전 생애를 바쳐 이룩한 창작의 열매들이다. 추상으로 여겨왔던 어려운 개념과 용어, 법칙들이 오롯이 손에 잡히는 느낌이다. 그들의 숨소리와 한숨, 탄식까지 행간 사이로 들려오는 듯하다. 그들의 열정과 집념, 고독과 애환, 좌절과 환희가 갈피갈피 배어 있는 듯하다.

대화에 귀를 기울이다 보면 어느덧 그들의 전성시대로 되돌아가는 기분이다. 광고 명예의 전당에 오른 이들 위대한 글쟁이들의 생애는 더 이상 전설로 머물지 않는다. 광고는 그 자체로 그들의 삶이었음을 깨닫게 된다. 이 책은 가난한 생업에 지나지 않았던 글쓰기를 산업으로, 예술로, 과학으로 끌어올린 원조 광고인들의 고백이다.

제일기획에서 함께 어려운 시절을 살아냈던 동료와 후배들에게 이 책을 바친다. 초벌번역을 하고 토론을 함께 했던 당시의 스터디그룹 멤버들이야말로 이 책의 주인공임을 밝힌다.

우리보다 더 어려웠던 시절을 일궈왔던 선배들의 발자취를 좇는 일은 광고에 대한 희망의 불씨를 지켜내게 했던 소

중한 작업이었다. 그때의 작업을 기초로 문맥을 바로잡고 어
색한 부분을 차근차근 손질해서 번역서라는 이름으로 내놓
는다.

2003년 봄, 효민동산에서

이현우

광고글쓰기의아트
윌리엄 번벅과의 대화

윌리엄 번벅 William Bernbach (1911~1982)

1911년_ 뉴욕 브롱스(Bronx)의 유태인 가문에서 태어남, 1933년_ New York University 졸업(영문학 전공) 후 Schenley Distillers Company에서 광고를 시작, 1945년_ Grey Advertising 카피 및 아트 담당 부사장, 1949년_ 광고대행사 DDB(Doyle Dane Bernbach) 창립, 1961년_ 카피라이터 명예의 전당(Copywriters Hall of Fame)에 미국 최초로 추대됨.

주요 광고캠페인 Volkswagen, Ohrbach's, Avis, Levy's, Chivas Regal 등

"문제의 하나는 조사의 숭배에 있습니다. 우리는 알고 있는 사실에만 집착할 뿐, 그것을 소비자에게 얼마나 도발적으로 주장할 것인가에는 별 관심이 없어요."

윌리엄 번벅

William Bernbach

윌리엄 번벅은 뉴욕 43번가의 도일 데인 번벅 오피스빌딩의 녹음 스튜디오 앉아 있었다. 그는 생각보다 작은 체구에 부드러운 말투와 고답적인 복장의 소유자였다. 망가진 피아노를 등지고 접의자에 앉아서 다소 멍한 표정을 하고 있었다. 때마침 진행중인 내수 서비스 감사 때문에 시달린 탓인 듯 싶었다. 인터뷰는 이렇게 시작되었다.

Q 번벅씨, 광고카피는 어떻게 해서 쓰게 됐죠?

A 글쎄요. 나는 사실 수많은 여러 인사들의 연설대필자로 시작했어요. 이를테면 주지사, 시장 그밖의 저명한 인사들… 그리고 난 아트에도 관심이 있었던 편이었지요. 그래서 라이팅과 아트의 결합이 그래픽과 카피의 조화로 이루어지고… 그것이야말로 광고매체를 더욱 효율적으로 통합시킨

다고 생각했어요.

Q 그때로 되돌아가서 제가 또 하나 알고 싶은 건, 무엇이 당신을
이 직업으로 뛰어들게 했는가 하는 겁니다. 라이팅의 세계로 말이죠.

A 글쎄, 우리는 점점 정확한 것을 숭배하는 경향이 있는
데… 그런 의미에서 모든 게 명쾌하게 결정된 건 아니란
생각이 들어요. 어느날 갑자기 광고로 쑥 들어왔다고나 할
까요.

왜 그렇게 됐는지는 잘 모르겠군요. 서서히 일어났다고
봐야겠죠? 아무튼 나는 라이팅에 관심이 꽤 있었어요. 아트
에도 마찬가지구요. 마침 라이팅과 아트를 할 기회가 생겼
을 때 그 찬스를 쓰윽 낚아챈 거죠. 광고대행사에 들어오기
전엔 상당히 유서깊은 뉴욕 세계박람회에서 일하고 있었죠.

Q 1939년 아니었던가요?

A 1939년이었지요. 이른바 조사분과라고 불렸던 문헌파트

번벅 방식 – 번벅이 만든 오바크 광고들 중의 하나. 이 광고는,
모든 광고는 신선하고 독창적이어야 한다는 제작진의 원칙에
충실히 따르고 있다.
"모든 걸 조사에 의해 수리적으로 행하는 것의 폐단은, 결국 모두가
같은 방법으로 그 일을 할 수 있다는 겁니다. 만약 당신이 예전에
했던 것과 똑같은 태도를 취한다면 당신은 남들이 하는 똑같은 말을
하는 것이 되고 그러면 완전히 임팩트를 잃어버리게 되죠."

William Bernbach | 뒷박

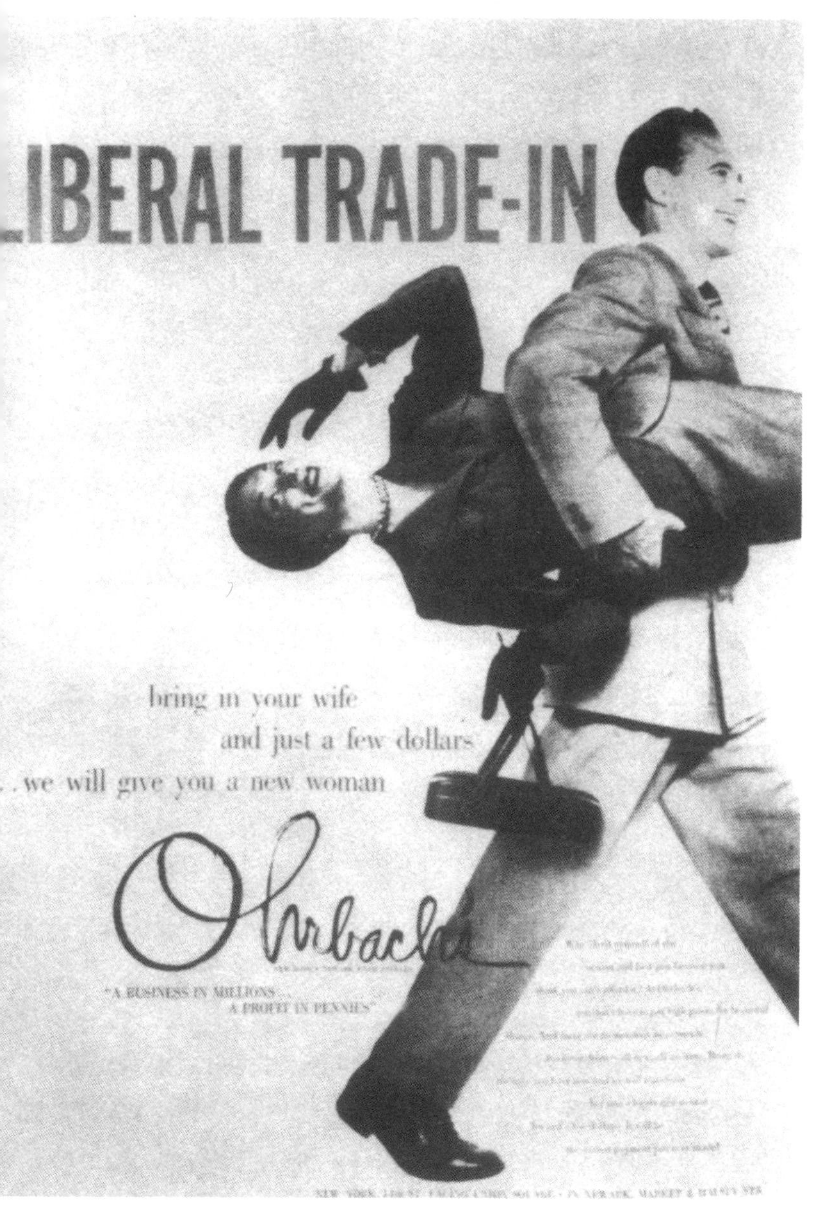

였죠. 우린 『브리태니커 대백과사전』에 박람회의 역사를 쓰고 있었지요. 수많은 출판물에 수록될 다양한 논문이랑 박람회 전시물의 해설문 따위였죠. 박람회가 폐막되고 나서 누군가가 날 대행사 사람에게 소개했습니다.

일단 한번 보자고 하더군요. 만났지요. 그 길로 난 광고의 길로 접어든 겁니다.

Q 누구였죠?

A 그 사람요? 윌리엄 H. 와인트라웁(William H. Weintraub)이었죠. 거기서 일을 하면서 수많은 광고베테랑들과 어깨를 견주기도 했어요. 일은 주로 와인트라웁이 요청한 글들을 정리하는 것이었죠. 아마도 그 일이 지금의 나를 있게 한 시금석이 되었다고 생각해요.

난 절대 카피부서에서 판에 박힌 일은 못해요. 수많은 것들이 내 카피공부의 교재가 되곤 했죠. 늘 신선한 관점을 딴 사람에게 제공하고 때론 바깥세상의 관점을 받아들였지요. 광고에서 꼭 알아야 할 것들은 후배들에게 가르치기도 했어요.

Q 또 하나 궁금한 게 있어요. 당신은 카피를 쓰는 일이 기사를 쓰는 것보다 어렵다고 생각하세요?

A 천만에요. 광고에 대한 지식을 체득하고 그걸 일에 활용

하려면 훈련이 필요하다고 생각합니다. 일을 하는 방법을 익히는 것은 그 다음 일이죠. 광고의 기본이자 핵심은 얼마나 독창적이고 신선한가 하는 겁니다. 대충 광고의 85%는 읽히지 않는다는 거 아시죠? 이건 광고업에 종사하는 사람들 누구나 알고 있는 사실입니다. 하버드 비즈니스 스쿨이 밝힌 통계이기도 하지요.

우린 사람들이 광고를 뭐라 생각하는지 알고 싶었어요. 우리가 정말 알고 싶은 건 미국인들이 광고하는 사람들을 좋아하는지 어떤지 하는 거죠. 설마 질시의 대상은 아니겠죠. 그냥 관심의 대상이 안 된다고 봐야죠. 그래서 내 생각에 가장 중요한 건, 신선하고 독창적이어야 한다는 겁니다. 오늘날 세상에서 일어나는 모든 놀라운 사건과 폭력에도 뒤지지 않을 정도로 말이죠.

당신은 광고에 모든 걸 담을 수 있겠지요. 바로 그 이유로 또한 사람들이 멈춰서서 들어주지 않는 메시지는 버려버릴 수도 있지요. 우리 미국인들은 효율을 위해 엄청 많은 돈을 써서 계량을 하고 그 결과 예전에 없던 권태를 얻은 거죠. 우린 뭐든 할 권리가 있지만 아무도 그길 주목해 주진 않아요.

Q 카피라이팅으로 돌아갑시다. 당신은 어떤 방면에서든 카피라이터를 구한다고 했지요. 어떤 종류의 카피라이터가 필요한 거죠?

A 글쎄요. 특수한 일만 잘하는 카피라이터는 아니지요.

Q 다시 말하면, 당신 시절에는 함께 일할 카피라이터가 많았지요. 그들에게 있어 두드러진 특징을 구별해 낼 수 있었나요? 좀 더 재능 있다든가, 아니면 크리에이티브한 사람이라든가…….

A 전에도 말했다고 생각해요. 다시 반복하지요. 지금 이 질문은 그 자체가 문제점이 있어요. 뭔가 정형화된 공식을 찾고 있다는 거죠. 무엇이 훌륭한 카피라이터를 만들까요? 위험한 생각이죠. 형편없는 카피라이터를 만드는 게 바로 이런 태도이지요. 절대로 카피라이터가 돼서는 안 될 사람을 카피라이터를 하라고 강요하는 거나 같지요.

옛날 『타임즈』와 인터뷰한 생각이 나는군요. 질문자는 소설가나 극작가에 대해 얘기했든가 뭐 그럴 겁니다. 질문은 이랬어요. "당신은 아침에 몇 시에 일어납니까? 아침은 뭘 드시죠? 일은 몇 시에 시작하고요? 끝나는 시각은요?"

마치 아침 6시 반에 콘프레이크를 먹고, 그러고 나서 산책을 하고 낮잠을 자고 또 일을 하기 시작해서 정오에 끝마치기만 하면 누구나 위대한 작가가 될 수 있다는 식으로 말이죠.

당신은 결코 그처럼 계산적이지도 못하고 정확할 수도 없겠지요. 이처럼 비즈니스에 있어 모든 걸 정확성이란 개념만으로 측정한다는 건 오늘날 광고가 당면한 문제점 중의 하나이죠. 조사의 숭배가 바로 이런 연유로 생기는 거죠. 우린 사실에만 매달릴 뿐, 그런 사실을 가지고 소비자에게 얼마나 설득적일 수 있는지에 대해서는 별 관심이 없어요.

Q 번벅씨, 글쓰는 사람들은 아마도 아이디어를 축적하고 미래를 위해 저장해 두는 방법이 있을 겁니다. 당신은 전성기에 놀라운 아이디어를 갖고 있었을 것 같은데⋯ 내가 궁금한 건 클라이언트에 의해 확립된 기본법칙에 따라 쓰면 작업이 더 수월해지는가 하는 겁니다. 이를테면 그림은 이렇게 하고 카피는 어떻게 쓰고⋯ 하는 따위 말이죠. 아니면 백지위임장을 가지고 쓰는 게 더 쉬운지 궁금하군요.

A 우린 광고주가 기본법칙을 우리에게 주도록 하고 있지 않아요. 그건 광고주를 위해서도 나쁘다고 생각해요. 보세요. 이런 식으로 한번 보자구요. 우린 결코 클라이언트만큼 제품을 잘 알진 못한다고 봐요. 광고주는 제품과 함께 잠자고 숨쉬고 있잖아요. 그는 그 물건을 만든 사람이지요. 우린 광고주만큼은 제품을 잘 알 수 없어요. 마찬가지 맥락으로 틀림없이 우린 광고주가 우리만큼 광고에 대해선 잘 모른다고 믿어요. 왜냐하면 우린 광고와 함께 하루종일 살고 함께 숨쉬고 있으니까요. 또한 우리가 같은 제품을 다룬다고 같은 광고를 한다는 애긴 아니잖아요?

우린 광고주로부터 일련의 다양한 기술을 원합니다. 그는 시장을 창출하고 제품을 생산하는 기술을 원하고 우리는 소

아주 큰, 엄청 큰 예비광고주가 언젠가 이렇게 말했습니다. "빌, 로고를 어디에 놓아야 하는지, 얼마만한 크기로 해야 하는지 정확하게 말해 줄 수 없겠소?" 내 대답에 따라 천만 달러가 달려 있었지요. 나는 말했습니다. "우린 당신에게 별로 도움이 되지 않는 대행사인 것 같군요"

비자를 설득하고 주장하는 기술을 원합니다. 그것들은 별개의 일이죠. 완전히 다른 일이라구요.

모든 걸 조사와 명령에 의해 수리적으로 수행하는 것의 폐단은, 결국 모두가 같은 방법으로 그 일을 할 수 있다는 겁니다. 똑같은 걸 얻어내고 발견할 수 있기 때문에 당신은 많은 사람들과 마찬가지로 예전에 했던 것과 똑같은 태도를 취하게 될 겁니다. 그래서 당신이 하고 있는 일이란 남들이 하는 것과 똑같은 말을 하는 것이 되고 그러면 임팩트를 완전히 없애버리게 되죠.

Q 제가 말하는 건 번벅씨 개인의 생각입니다. 광고업계의 일반적인 견해가 아닌… 지금 광고계에는 잘나가는 사람은 아니지만 훌륭한 카피라이터를 꿈꾸는 수많은 라이터가 있는데요.

우리가 알고자 하는 것은 어떻게 하면 좋은 카피라이터가 되는지에 관한 공식이나 정교한 이론이 아닙니다. 당신에게 궁금한 것은, 이 분야에서 카피라이터로서의 재능을 인정받고 있는 한 사람의 베테랑으로서 카피라이터의 능력을 향상시킬 수 있는 방법이 따로 있는가 하는 것입니다.

A 글쎄요. 저로서도 어떤 방정식 같은 걸 주고 싶긴 하지요. 모두가 따라하기만 하면 되는 그런 것 말이예요. 그러나 불가능한 일이죠. 우리 모두가 해야 할 일이라곤 꾸준히 일하고 생각하는 것뿐이지요. 그래시 행힌 민큼, 연습힌 민큼 할 수 있다는 정직한 생각을 가져야 돼요. 진부한 얘기라는 건 저도 알아요. 하지만 그걸 뛰어넘으려고 하다간 누구나 바보가 되기 십상일 겁니다.

Q 글쎄요. 다른 사람과 인터뷰할 때는 외부자원으로부터 무엇을 활용하는지, 무슨 흥밋거리를 추구하는지, 스스로의 관점이 얼마나 새로운지… 하는 질문을 던졌습니다. 대답해 주실 수 있습니까?

A 글쎄요. 나는 많이 읽었습니다. 답이 될지 모르겠군요.

Q 좋습니다. 어떤 분야에서?

A 철학 쪽을 많이 읽죠. 소설도 꽤 많이 읽었어요. 틀림없이 개인이 가진 것들은 카피의 재료가 된다고 믿어요. 더 많이 생각하고 더 많은 흥밋거리, 더 많은 체험을 카피에 불어 넣을 수 있다면 그만큼 더 설득적이라고 생각합니다.

Q 카피는 지금 얼마나 쓰고 있죠? 자주 쓰시나요?

A 글쎄, 요즘 더 이상 많은 바디카피를 쓰진 않아요. 하지만 회사의 거의 모든 일을 정리하죠. 또한 아직도 광고 헤드라인을 구상하죠. 중요한 얘길 하나 해 드릴까요? 내가 만든 건 아닌데… 오래된 속담이 하나 있어요. 아주 공감이 가는 얘기지요. 무언가 쓸 얘기가 있어야 좋은 글이 나온다는 거죠.

누군가에게 조언을 한다면, 일을 시작하기 전에 제품의 내면으로부터 발견해 내라는 겁니다. 당신의 지혜와 열정과 상상력 그리고 재간은 제품지식으로부터 반드시 나온다는 겁니다.

오늘날 일어나는 것 중에 가장 최악인 것은 그래픽 갈피 갈피의 눈속임입니다. 누구든지 아이디어를 얻는 건 어렵지 않아요. 중요한 건 그 좋은 아이디어를 식별해 내는 일이죠. 당신은 상상력을 가져야 합니다. 또한 창의력을 지녀야 하지만 그런건 훈육되어야 할 일입니다. 당신이 쓰는 모든 페이지, 단어, 그래픽 심볼, 음영은 전하고자 하는 메시지를 강화해야 합니다. 아시다시피 아트의 모든 작업은 얼마나 목적을 잘 수행하느냐에 따라 평가돼야 합니다.

또한 광고에 종사하는 누구라도 목적이 물건을 파는 데 있다고 말하지 않는다면 엉터리입니다. 또한 가능한 한 단순하고 날렵하고 명징해야 합니다. 그런 건 지식에서 나와야 합니다. 또한 그 지식을 소비자의 욕구와 연결시킬 수 있어야 합니다.

내가 상상력이 뛰어나다고 말하는 것은 귀신이 벌떡 일어날 만큼 놀라운 걸 말하는 것은 아닙니다. 자주자주 저는 물구나무서기를 함으로써 사람들의 주의를 끄는 사례를 이야기 했습니다. 그러나 그게, 사람들의 호주머니 속에 들어있는 물건을 잃어버리지 않도록 하는 옷을 피는 광고가 아니라면 좋은 광고가 아닙니다. 만약 그렇게만 할 수 있다면 당신의 창의력, 매력 그리고 영리함이 제품의 이점을 더욱 살리고 기억되게 할 것입니다.

만약 당신이 이렇게 하지 않는다면 글쎄요… 첫째로 사람들을 광고 속으로 끌어들이지 못할 것이고 그래서 결국 돈만 허비하고 말게 되겠죠. 무슨 말을 하더라도 말입니다. 만약 그렇게 하고서도 제품과 연결되지 못한다면 사람들은 제품으로 인해 무언가 속았다는 기분이 들어 원망을 품게 되겠지요.

당신이 해야 할 일은 가능한 모든 경제적, 창의적, 수단을 이용해서 사람들의 관심을 끌고 제품을 파는 일입니다. 지금 당장은 힘들겠지요. 땀이 있어야 합니다. 문제는 일입니다.

Q 버릇이 있다면 간단하게 한 말씀…

A (웃음)

Q 웃는 이유는?

A 마치 그것이 답이기라도 한 것처럼 또다시 버릇얘기를 하는군요.

Q 답이란 얘긴 아닙니다. 저도 알고 있어요.

A 전 이 방면에서 100명 정도의 카피 쓰는 사람을 만났지만 단 두 사람도 같은 버릇을 가지고 있지 않더군요. 천차만별이었지요.

Q 내가 말하는 버릇이란… 당신이 사장이지만 바디카피를 쓸 때 직접 글을 다듬는가? 하는 얘기죠.

A 물론이죠.

Q 그러면 외부의 도움은 필요없나요? 편집을 위한 제3의 보조인 말입니다.

A 내가 이 회사에서 생각하는 이점의 하나이자 자랑스러움의 하나가 있습니다. 나는 대행사의 사장이면서 크리에이티브맨이란 겁니다. 카피라이터로서의 직업을 되돌아보면 지금 이 일을 하고 있는 다른 사람과 전혀 다르지 않아요. 문제를 무언지 아는 사람이지요. 그걸 돌파하려고 하는 사람… 그런 체험을 가진 사람이죠. 난 그 짐을 그들에게 뒤집어 씌우거나 의무를 지우는 비즈니스맨은 결코 아닙니다.

사실 난 비즈니스를 알고 있다고 생각하지만 지금 이 순간도 나의 개성을 그들에게 강요하지 않아요. 내가 발견해 내려고 하는 건 그들의 특이한 재능과 그것을 부양하는 방법입니다.

이것이 이 조직에서 우리 모두가 놀라운 재능의 깊이를 지니고 있다고 생각하는 이유입니다. 그 재능의 폭과 종류가 엄청 놀랍기도 하구요. 왜냐하면 우리가 가지고 있는 재능을 다른 사람들에게 강요하지 않았으니까요. 오히려 놀라운 정도의 재능과 우리를 특별하게 하는 요인에 대해 조사

29

해 왔습니다.

예를 들면 뛰어난 유머를 지닌 사람을 하나 알고 있는데… 타고난 유머 감각이지요. 그런 이는 아주 기민하게, 직설적으로 통찰해서 문제의 핵심으로 들어갑니다. 사람에 따라 매우 다르지요. 각자의 성격에 따라 서로 다른 효율적인 작업을 수행합니다. 유머에 뛰어난 사람에게 그가 할 수 없는 일을 하도록 만드는 건 잘못된 일이지요. 아주 잘못된 거지요. 그 사람의 재능을 파악해서 육성하는 것은 우리의 의무입니다. 너무 당연한 얘기 아닙니까? 모든 사람이 똑같은 일을 하도록 애쓰거나 모두를 지루하게 하는 건 피해야지요.

Q 아마도 느끼고 계시겠지만 비즈니스에 종사하는 사람 중에는 자신의 성격—에이전시의 성격이나 스스로의 성격—을 제작진에게 강요하는 사람이 있습니다.

A 오해하진 마세요. 비즈니스계의 에이전시를 전 존경합

니다. 우리의 일하는 방식이 그렇다는 얘기지요. 집단을 비화하진 마세요. 너무 많은 규칙을 적용하는 것도 좋진 않지요.

Q 훈육이란 무슨 얘기죠? 규칙과 훈육 사이엔 차이가 있는 거 아닙니까?

A 그럼요. 내가 말하는 훈육이란… 내가 원하는 건 제품의 이점을 기억될 수 있게 전하는 아이디어입니다. 기억되려면 신선하고 독창적이어야 합니다. 지금 모든 걸 파괴해서 그걸 이룰 수 있다면 난 그 규칙이 깨지는 걸 원합니다.

난 우리 크리에이티브팀에게 이렇게 말하는걸 결코 좋아하지 않습니다. "사진은 여기 놓고 헤드라인은 여기… 그리고 카피는 그 아래…"

반면 이런 말도 원치 않습니다. "그렇게 하면 안돼!" 그러나 헤드라인이 없을 때가 좋을 때도 있고 헤드라인이 있을 때가 좋을 때도 있을 겁니다. 로고가 있어야 좋을 때도 있고 로고가 있으면 세상에서 가장 엉망이 될 때도 있습니다.

예를 한번 늘어 볼까요? 소비자한테 별로 좋은 평을 받지 못하는 제품이 있다 칩시다. 글쎄, 로고란 사람 이름과 같지 않을까요? 당신이 잘 아는 사람의 이름을 내가 말한다면 그 사람의 모든 게 당신 마음 속으로 뛰어 들어가겠죠? 그러면 그 사람에 대한 게 좌지우지 되겠죠? 로고는 제품에서 똑같

또또

은 일을 합니다.

이제 우리 제품이 소비자에게 별로 좋은 위치를 차지하지 못하고 있다고 칩시다. 소비자는 그 이름만 보고서도 그 제품에 관한 모든 걸 알고 있다고 생각하고 페이지를 덮어버릴 겁니다. 그러면 그 소비자와는 영영 끝장이죠.

그러나 내가 만약 매우 흥미있는 생각을 표현하고 그걸 소비자가 처음 보았다고 칩시다. 그러면 나는 그 사람을 흥미있는 생각에서 시작해서 어떤 다른 사실로 끌어들이게 됩니다. 그리고 나서 마지막에 "이것이 우리 제품의 지금 모습입니다"라고 말한다면 나는 그를 확실히 잡고 그를 확신시킬 수 있습니다. 이것은 매우, 매우 중요한 사실이 됩니다. 그러나 "언제나 로고는 필요해!"라고 말하는 건 틀렸습니다.

언젠가 내가 말한 바 있는 아주 중요한 사실을 다시 한번 말해 드릴까요? "빌, 로고를 어디에 위치시켜야 하는지, 얼마의 사이즈로 만들어야 하는지 정확하게 말해달라고 한다면 어떻게 하시겠습니까?"라고 누군가가 물어왔을 때, 나는 내 대답에 따라 천만 달러를 벌 수도 있었지요. 나는 "우린

깊은 애정 – 이 광고주를 위한 몇몇 광고를 두고 번벅이 한 말. "나는 오바크 캠페인부터 시작했습니다. 17년 동안 손수 오바크 광고를 해왔죠. 그래서 깊은 애정을 갖고 있어요" 거기에다가 그는 최근 오바크씨의 79회 생일 축하연에 참석하기도 했다. "단순한 광고주 이상의 그 무엇이라 생각합니다"라고 그는 말했다.

I found out
about
Joan

The way she talks, you'd think she was in Who's Who. Well! I found out what's what with her. Her husband own a bank? Sweetie, not even a bank account. Why that palace of theirs has wall-to-wall mortgages! And that car? Darling, that's horsepower, not earning power. They won it in a fifty-cent raffle! Can you imagine? And those clothes! Of course she does dress divinely. But really…a mink stole, and Paris suits, and all those dresses…on his income? Well darling, I found out about that too. I just happened to be going her way and I saw Joan come out of Ohrbach's!

Ohrbach's

34TH ST. OPP. EMPIRE STATE BLDG. · NEWARK MARKET & HALSEY · "A BUSINESS IN MILLIONS, A PROFIT IN PENNIES"

포식 – 번벅이 구상하고
제작한 광고.
"창의력이 필요합니다.
하지만 그것은 훈육에
의해 만들어 집니다.
당신이 쓰는 모든 페이지,
단어, 그래픽, 심볼, 음영
등은 전하고자 하는
메시지를 강화해야
합니다."

당신에게 별로 도움이 되지 않는 대행사인 것 같습니다."라
고 말했지요.

자, 우리가 이런 신념을 유지하는 한 시간이 갈수록 매우
건강한 대행사가 만들어진다고 생각합니다. 그래서 우리가
진정 신봉하는 크리에이티브 작업을 할 수 있게 되는 거지
요. 15%의 커미션 때문에 몸을 팔지 않는다는 얘기지요. 왜
냐하면 이미 말한 대로, 시간이 지나면 클라이언트는 자기
가 말한 걸 잊어버리기 때문이죠. 그는 오로지 광고의 효과

에 대해서만 생각할 뿐이니까요.

Q   아마 모든 사람이 한두 번은 개인이나 사물에 의해 영향을 받고 있습니다. 카피라이터로서 당신은 일생 동안 영향을 받고 있는 것이 있는지요?

A   물론이죠. 여러 번 있었죠. 나는 한때 음악도였는데, 놀라운 개성을 지닌 탁월한 음악선생으로부터 배우게 됐어요. 그 강의를 들으면서 나는 성장했고 그 강의는 내게 새로운 관점을 형성해 주었습니다. 아시다시피 우리의 오늘은 우리에게 가해져 온 영향력의 산물입니다. 또한 그건, 한 사람의 위대한 영향력이었다고 할 수는 없습니다. 그건 그런 것들의 총합이라고 봐야지요.

내가 또 말하고 싶은 게 있지요. 광고에서 내가 생각하는 가장 중요한 성공요인은 제품 그 자체라는 겁니다. 아무리 자주 말해도 지나치지 않아요. 더 이상 강조할 나위가 없죠. 왜냐하면 나는 위대한 광고캠페인은 나쁜 제품을 빨리 망하게 한다고 생각하니까요.

그건 더 많은 사람들이 그 나쁜 점을 알게 하니까요. 중요한 것은 언제나 제품 그 자체이지요. 그만큼 가장 중요하고, 또한 우리가 대행사로서 클라이언트와 함께 정확하게 알고 있어야 하는 것이지요. 개선점을 모색하고, 사람들이 수요를 느끼게 하는 방법도 연구해야 하지요. 제품의 추가요소는

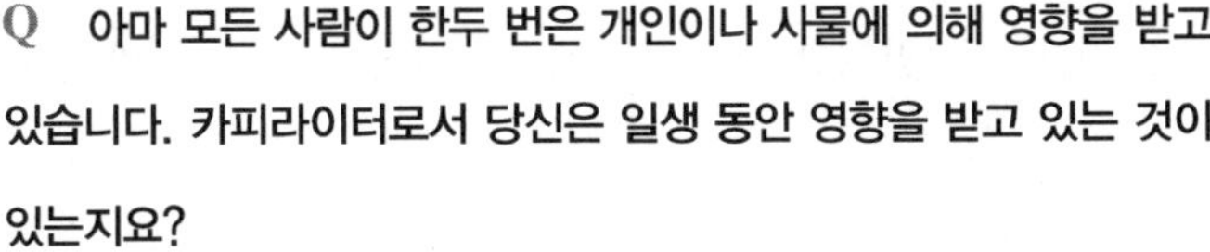

없을지, 바꿀 것은 없는지 따위도 마찬가지고…….

그렇게 한다면 당신은 딴 생각이 안 나게 하는 확실한 이점을 만들 수 있지요. 자, 거기에 그 이점을 아주 기막히게 전하는 방법을 덧붙이면 당신은 게임에서 이기는 겁니다. 그러나 아무리 교묘해도 없는 이점 자체를 만들어내진 못해요. 그건 단지 사기일 뿐이죠. 결국은 제품에 나가 떨어지고 마는…….

그래요. 우린 광고의 마법에 속아선 안 됩니다. 마법은 제품 자체이니까요. 우리가 광고주를 매우 중요하게 생각하는 이유가 바로 이거죠. 우린 그런 광고주를 갖고 있어 정말 행복해요.

덧붙이고 싶은건, 우린 광고를 더 좋게 만들려는 사람을 절대 귀찮아하지 않는다는 거죠. 만약 광고주가 우리가 한 번도 생각하지 않았던 방법을 써보라고 한다면, 그리고 그것이 더 좋은 광고를 만든다면 우린 대환영입니다. 우린 결코 꾸미지 않습니다. 우린 단지 가능한 한 가장 위대한 광고를 원할 뿐입니다. 시간이 지나면 그건 밝혀지게 돼 있습니다. 우린 제품을 팔고 우리 모두의 행복을 팝니다. 우린 세상에서 가장 위대한 서비스를 할 수 있습니다. 그러니 팔리지 않으면 실망할 수 밖에 없죠.

Q 이미 대답한 질문이지만 어쨌든 다시 묻습니다. 많은 광고제작

인은 특히 엄청 성공한 광고인은, 제품 자체가 싫다는 이유만으로 특정한 제품광고를 하기 싫어하는 수가 있어요. 어떤 제품에 대해 그런 느낌을 갖고 있나요?

A   아시다시피…….

Q   담배?

A   그래요. 담배광고요.

Q   쓰기라는 관점에서는 어떤가요? 단지 그 제품에 관해 쓴다는 사실말예요. 제품의 질 자체는 마음에 들지 않을 경우가 되겠지요.

A   글쎄요. 나는 궁극적으로 자기가 제품에 대해 가진 생각이 당연히 글쓰기에도 영향을 미친다고 믿어요. 아시다시피 우린 그 제품을 믿으니까 존슨(대통령 후보) 캠페인을 했어요. 반대 입장이었다면 하지 않았을 겁니다. 아무리 돈이 많이 걸려 있어도 하지 않았을 겁니다.

당신이 누군가를 깊이 신뢰한다면, 경쟁자가 가진 능력을 갖고 있지 못하더라도, 결국 그 지식과 신념을 갖게 됩니다. 자, 기술을 깊은 신념과 연결한다면 이미 게임에서 앞서가고 있는 겁니다.

Q   번벅 씨, 수 년 동안 해온 광고 중에서 어떤 게 가장 마음에 드세요?

A 글쎄요… 아시다시피 전 오바크 캠페인부터 시작했습니다. 17년 동안 손수 오바크 광고를 해왔죠. 그래서 애정을 깊이 갖고 있어요. 예컨대 고양이 광고인데… 무슨 뜻인지 알겠죠?

며칠 전 오바크씨의 79번째 생일축하연에 참석했더랬지요. 우리 첫 번째 광고주였는데 뗄래야 뗄 수 없는 인연이죠. 내가 말하고 싶은 건, 그 광고주는 단순한 광고주 이상이라는 겁니다. 거기에는 깊은 느낌이 있어요.

Q 기차역 리포터식의 질문(번역자주: 준비된 포맷의 인터뷰용 질문)을 해보지요. 명예의 전당에 오른 모든 카피라이터에게 이미 한 질문이기도 한데… 당신께 아들이 있어 그가 이 사업으로 뛰어들길 원한다면 해줄 말이 있습니까?

A 내가 당신에게 지금까지 한 말을 모두 해 주겠습니다.

광 고 글 쓰 기 의 아 트
레 오 버 넷 과 의 대 화

레오 버넷 Leo Burnett (1891~1971)

1891년_ 미국 미시간주의 세인트 존스(St. Johns)에서 태어남, 1914년_ University of Michigan 졸업(저널리즘 전공) 후 일리노이주의 Peoria 신문사에 기자로 입사, 1933년_ 광고회사 Erwin Wasey 부사장, 1935년_ 광고대행사 Leo Burnett Company 창립, '제품에 내재된 드라마' 론 주창, 1961년_ 카피라이터 명예의 전당(Copywriters Hall of Fame)에 오름.

주요 광고캠페인 Marlboro, Kellogg, Green Giant, Pure Oil, Santa Fe 등

"주목받지 못한다면 그 광고는 실패작이지요. 단, 자연스러운 모습
그대로 주목받아야 해요. 속임수나 기교를 부려서 받는 주목은 오래
가지 못합니다."

레오 버넷

Leo Burnett

잿빛 하늘의 뉴욕. 아침 10시. 대평원 지방의 부유한 농기구 상인같은 풍모를 한, 마치 돈 많은 로터리 회원같은 모습의 레오 버넷은 퉁명스럽게 녹음기에 대한 불평부터 늘어놓았다. "내가 글쓰는 사람이지 무슨 대변인이라도 된단 말야?" 정장을 한 채 플라자호텔 안을 연신 서성거리던 그는 창문 너머 인적이 드문 센트럴파크를 멍하니 한동안 바라보았다.

한겨울, 뉴욕의 눈보라는 매서웠고 그 나쁜 날씨만큼이나 레오 버넷의 태도는 한없이 차갑기만 했디. 얼마 후 그는 마침내 창가의 안락의자에 자리를 잡았고 긴 침묵 끝에 다시 말문을 열었다. "알았어요, 알았어. 난 인터뷰를 정말 싫어하지만… 그래… 어디 시작해 봅시다."

"신문기자로 일하면서 커뮤니케이션에 눈을 떴어요. 하지만
신문기사와 광고카피는 분명히 서로 다른 영역이란 걸 깨달았죠.
제품을 흥미롭게 이야기해서 반드시 사게 하는 매력있는 기술이 바로
광고카피죠."

Q 이 작업은 어떻게 시작하시게 되었죠? 신문이나 광고 같은 일에 종사하시게 된 특별한 동기라도 있나요?

A 광고라… 사실 어렸을 땐 상상해 본 적조차 없어요. 전 단지 작은 마을의 인쇄공이었을 뿐이니까요. 집에 작은 인쇄기를 마련해 놓고 신문사에서 쓰다 남은 잉크를 얻어와 내 자신이 만든 활자로 책을 만들어보거나 인쇄물을 찍어보는 게 고작이었죠.

Q 인쇄업의 기술적인 부분에 더 관심이 많았나요?

A 아니오. 그러지 않아요. 내가 한 일이란, 기차역의 출입객들을 지켜보는 일이었지요. 난 자전거를 타고 읍내의 크고 작은 일을 쫓아다니곤 했지요. 이를테면 부고기사를 써서 신문사에 넘기기도 했어요. 그리고 중고등학교 시절에는 줄곧 신문사에서 아르바이트를 했어요. 그 이후로는 신문기자가 되고 싶었습니다.

Q 아버님께서도 그런 일에 종사하셨나요?

A 아니오. 아버진 건어물 가게를 하셨죠. 전 그게 싫었어요. 하지만 아버지께선 신문사에서 일하겠다는 저의 뜻을 존중해 주셨어요. 아버지 일을 도운 기억은 거의 없습니다. 전 결혼도 신문사에 근무하시는 분의 딸과 했거든요. 그런 후에 미시건대학에 진학하여 저널리즘을 전공했구요.

Leo Burnett | 버넷

New from Philip Morris
Marlboro
FILTER CIGARETTES
The new easy-drawing filter cigarette that delivers
the goods on flavor. Long size. Popular filter price.
Light up a Marlboro and be glad you've changed to a fi
NEW
FLIP-TOP BOX
Firm to keep
cigarettes from
crushing.
No tobacco in
your pocket
Marlboro
LONG SIZE
POPULAR
FILTER PRICE
(MADE FROM A NEW PHILIP MORRIS

Q 당시로선 저널리즘을 강의하는 학교가 별로 없었을 텐데…….

A 물론 공식적으로는 그랬죠. 하지만 전 운좋게도 당시 언론계 동향에 매우 밝고 영향력이 있던 프레드 뉴튼 스코트(Fred Newton Scott) 박사를 만날 수 있었어요. 그 분은 나에게 『뉴욕 월드』(New York World)라는 신문을 구독하라고 권하셨어요. 당시 이 신문은 유명한 문객들이 기고하는 일종의 지성지였죠. 1911년부터 1913년까지 계속 그 신문을 봤습니다.

Q 큰 도움이 되셨겠네요?

A 맞아요. 헤이우드 브라운(Heywood Broun)처럼 당대 최고 문필가들의 현학적인 글들이 실렸으니까요. 혹시 프랭클린 아담스 기억나세요? 그의 그 유명한 칼럼 'The Conning Tower(감시탑)'도 그 신문에 실렸죠. 전 하루도 빠짐없이 그 신문을 탐독했고, 문체를 공부했죠. 그리고는 단편 몇 편을 쓰기 시작했어요. 그 중 몇 편은 기고를 했어요.

그리고 그 해 여름 졸업 후에는 곧바로 미시건 대학의 부정기 간행물인 『미시간 볼버린』(Michigan Wolverine)의 편집장

문신한 남자 – 카우보이로 상징되는 레오버넷의 말보로 캠페인 1탄. "이 광고는 시카고 광고학파의 열정과 노력을 말해 줍니다. 우리는 끝없이 변화하고 신선함을 유지하기 위해 애쓰고 있었습니다."

으로 일했어요. 3백 달러씩 받았는데 1914년 당시로서는 큰 돈이었죠. 그 해 여름 계절학기 다음에 전 뉴욕으로 돌아갈 생각이었어요. 『뉴욕 월드』의 기자가 되려고 했었거든요. 저로선 마음이 급했죠. 신문사에서는 아무 생각도 없었는데 말이죠.

그런데 어느 토요일 오후 교정을 걷다가 한 친구를 만났어요. 그 친구는 디트로이트와 시카고의 지역신문에 축구팀의 훈련소식 따위의 스포츠 뉴스거리를 제공하고 있었습니다. 이름은 홀리 태핑(T. Hawley Tapping). 학교에서 집으로 돌아가는 길에 우연히 만난 그 친구는 다짜고짜 저에게 앞으로 뭘 할 거냐고 묻더군요.

그래서 그랬죠. 뉴욕으로 돌아가서 『뉴욕 월드』(New York World)에 취직할 거라고 그랬더니 그 친구가 대뜸 그랬어요. "바보같은 소리 마! 너도 알다시피 난 계속 『피오리아』(Peoria) 신문사에서 일했어. 그런데 거기도 일거리는 많다구. 주당 18달러씩은 받을 수 있어. 뭐하러 뉴욕까지 가려고 그래? 규모는 작지만 아주 잘 나가는 곳이야. 아주 괜찮은 편집인도 있고 말이야."

조지 피치(George Fitch). 『The Saturday Evening Post』에 유명한 글을 쓴 사람. 바로 그 명성을 날리던 사람이 피오리아(Peoria) 신문사의 편집장이었죠. 그 분의 글을 인상깊게 읽은 적도 있고 해서 솔직히 끌리긴 끌렸어요. 하지만 난 더 이상 미련없이 뉴욕으로 돌아가겠다고 그에게 사의를 표시했죠.

그리고 며칠 안 된 어느 일요일, 그 친구가 저에게 전화를 했더라구요. "야, 피오리아 신문사에서 널 기자로 채용하겠대. 월요일 아침 7시에 첫 출근이야!" 불과 몇 시간도 채 남지 않은 바로 다음날 아침이었죠.

Q 그 친구가 당신 대신 입사원서를 냈던 건가요?

A 그는 별로 내키지 않아 하던 저의 마음따위는 신경도 안 썼어요. 제가 우선 직장을 잡는 게 중요하다고 여겼던 거겠죠. 전 그래서 그 친구에게 이렇게 말했죠. "직장을 구하는 건 내가 할 일이야. 생각도 신중하게 해야 되구. 네가 왈가왈부할 일이 아니란 말이야."

입으로는 그렇게 떠들었지만 결국 전 그 친구의 제의를 받아들였고, 그날 밤 피오리아 신문사가 있는 시카고를 향해 미시간 중앙열차에 몸을 실었어요. 그렇게 해서 그날 밤 생면부지의 시카고에 당도했지요. 그리고 곧장 피오리아 신문사로 직행했습니다.

Q 옷가방을 든 채로 말인가요?

A 그래요. 옷가방을 든 채로… (웃음) 전 손에 옷가방을 든 채로 피오리아(Peoria)사의 편집실로 일단 들어갔죠. 아무도

절 반겨주지 않더군요. 저는 편집장을 찾아갔어요. 그는 악수를 청하더니 말했어요. "자, 이게 당신 책상이야. 내일 아침 일찍 시청 기자실로 가라고."

Q 입사원서도 안 썼단 말예요?

A 물론 안 썼죠. 나는 복사된 종이 몇 장을 말아서 호주머니에 쑤셔넣고는 시청으로 향했지요. 물론 시청이 어디 있는지도 몰랐었구요.

피오리아는 당시로서는 꽤 흥청거리는 도시였죠. 온 도시가 술판이었고, 강을 끼고 있었어요. 그래서 주말이면 어디서나 술 때문에 생기는 도시의 각종 사건들과 만날 수 있었고, 마침내 어느 토요일 자기의 아내를 살해한 어떤 남자의 이야기를 신문기사로 올릴 수가 있었습니다. 이 일을 시작한 지는 얼마 안 되었지만, 저로선 정보를 어떻게 수집하고, 또 이것들을 어떻게 이야기로 만들어 나가야 될지 터득하고 있었으니까요.

그러던 와중에 피오리아 신문과 경쟁하고 있던 피오리아 스타(Peoria Star) 신문의 기자 한 명을 알게 됐죠. 그는 매우 친절했어요. 제가 꼭 알고 있어야 할 많은 사람들을 소개시켜 줄 정도로 말이죠. 그 때마다 저에겐 몇 건씩의 기사거리가 생겼으며, 밤에는 사무실로 돌아와 기사를 썼습니다. 물론 석간신문이었기 때문에 낮 12시가 되어서야 마감이 되었지요. 그리고 나면 폭군같은 편집장은 "야, 지금부턴 철도청으로 가!"라는 말만 남기고는 했어요.

Q   여전히 옷가방은 사무실에 있었나요?

A   그럼요. 사무실이 바로 제 침실이었던 걸요. 저는 물었어요. "어떻게 하라구요?" 당시 피오리아는 수많은 기차들이 통과하는 교통의 요지였기에 역 주변에서는 하루에도 수십 건의 사건들이 벌어지고는 했죠.

편집장은 "자, 나가서 여행사 직원들과 수화물센터 직원들이랑 사람들을 두루 만나봐."라고 말했죠. 그래서 전 역 주변을 돌아다니며 많은 사람들을 만났구요.

그러던 어느날 전 아주 우연히 미시건대학에 다닐 때 같은 과였던 한 친구를 만나게 되었어요. 이름은 Owen B. Winters. 훗날 Erwin Wasey사의 광고인으로 꽤 이름을 날린 친구였죠.

Owen은 졸업한 후에 디트로이트로 가서 아주 잘 나가던 Packard Motor Car의 사보 편집인이 되었죠. 당시로선 그 방면에서 최대의 자동차 메이커였지요. 그는 또한 『DAC News』라는 정기간행물의 편집장이었기 때문에 디트로이트의 자동차산업에 대해서는 내로라할 만한 정보통으로 명성을 날리고 있었던 거죠. 내가 겨우 주당 18달러 받을 때 그는 자그마치 40달러를 받고 있었으니까요.

하루는 그가 나에게 편지를 썼어요. 더이상 피오리아에 있지 말고 자동차산업이 번창하고 있는 디트로이트로 오라고 말입니다. 1915년의 일이었어요.

글쎄요… 제가 운이 좋아서 그랬던 건지는 몰라도, 미시건 대학에 있을 때 Tap이라는 친구를 만났던 것처럼 저에겐 또 한 분의 잊지 못할 사람이 있었죠. 미시건대학 영문학 교수였던 Fred Newton Scott… 전 그 분에게 편지를 썼어요. 디트로이트에서 제가 할 수 있는 일이 없는지, 사람을 찾고 있는 회사는 없는지 등등에 대해서 말이죠. 그러고 나서는 전 그 일에 대해 완전히 잊어버리고 있었어요.

그런데 그 교수님으로부터 전화로 연락을 받을 수 있었습니다. 캐딜락 자동차(Cadillac Motor Car)에서 사보기자를 뽑는다는 반가운 소식과 함께 말입니다.

Q 시기가 절묘하게 맞아 떨어졌군요.

A 그래요. 타이밍이 더할 나위 없이 좋았던 거죠. 당시 몇 주 동안 저에겐 모든 일이 순조롭게 풀려갔으니까요. 꼬리에 꼬리를 물고 말이죠. 몇 주 동안은 연봉 협상이 계속 됐어요. 그런데 시간을 하도 끌길래 처음엔 그 회사에서 저에게 별 관심이 없는 줄 알았죠. 게다가 저와 협상을 했던 사람이 저보고 집으로 돌아가서 대뜸 '청결'에 대한 글을 써오라고 했거든요. 좀 황당했죠.

그 사람은 훗날 캐딜락 자동차의 사장이 된 얼 하워드(Earle Howard)였죠. 그는 저에게 자동차 대리점을 잘 관리한 딜러들의 이야기를 했어요. 그리고 대리점 운영하는 데 있어서 '청결'이란 것이 얼마나 중요한가에 대해서도 말입니다. 아무래도 채용되기 힘들 거 같다는 생각이 다시 들었어요. 하지만 전 피오리아로 돌아가서 그의 요청대로 '청결'에 대한 글을 썼어요.

피오리아에 있는 캐딜락 자동차 딜러들을 찾아 다니며 이

야기를 들었고, 또 많은 느낌들을 적어 나갔죠. 문방구에 가
서 가장 두껍고 질 좋은 종이를 샀어요. YMCA의 내 방 책
상에 앉아 그것들을 최대한 정성들여 깨끗하게 타이핑 했지
요. 그리고 나서 그것들을 디트로이트로 보냈어요. 물론
George Fitch의 감수를 받았죠. 그는 내 글을 조금 수정해
주더군요. 결과적으로 전, 다시 디트로이트에 직장을 구할
수 있었습니다.

Q   디트로이트에서 열심히 뛰셨겠네요?

A   디트로이트로 가서 사보편집을 하게 됐어요. 운이 좋으
려니까 광고에도 손을 대게 되었고, 마침내 캐딜락 광고를
담당하게 되었죠. 그 때 맥마누스(T. MacManus)와 친하게 되
었는데 그는 그 유명한 '리더십의 벌칙(Penalty of Leadership)'
이라는 광고를 쓰신 분이었죠. 내가 캐딜락에 입사하기 바
로 전에 만들어진 광고였어요.

  T.F. MacManus는 매우 훌륭한 광고인이었어요. 그와 오
랜 시간 함께 할 수 있었다는 건 매우 큰 행운이었고, 날이
갈수록 그의 생각과 직관이 돋보이는 그의 카피에 전 흠뻑
빠지게 되었습니다. 그는 캐딜락을 유명하게 만들었어요. 하
지만 여전히 1등은 Packard였습니다.

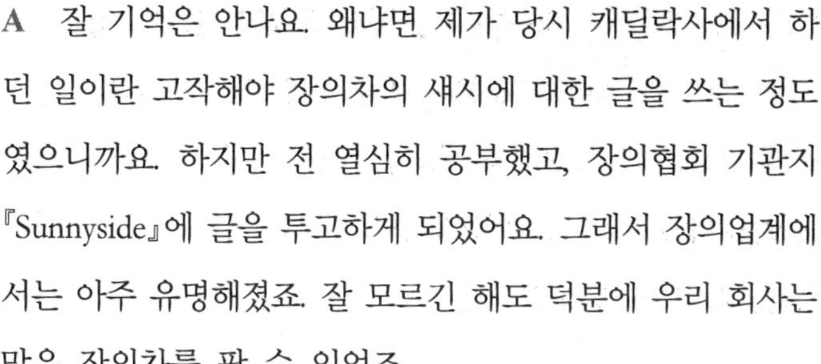

Q 제 어렸을 적 기억으로, 장의차들은 전부 Packard였던 것 같은데요.

A 잘 기억은 안나요. 왜냐면 제가 당시 캐딜락사에서 하던 일이란 고작해야 장의차의 섀시에 대한 글을 쓰는 정도였으니까요. 하지만 전 열심히 공부했고, 장의협회 기관지 『Sunnyside』에 글을 투고하게 되었어요. 그래서 장의업계에서는 아주 유명해졌죠. 잘 모르긴 해도 덕분에 우리 회사는 많은 장의차를 팔 수 있었죠.

그러고 나서 곧바로 제1차대전이 터졌습니다. 전 해군에 잠깐 복무를 했죠. 주로 오대호 공병대에 있었기에 바다에는 거의 갈 일이 없었어요.

Q 기사를 주로 쓰다가 광고계로 전업했을 때 신문사에서 일한 경험이 유용했나요?

A 물론이죠. 아주 유용했어요. 그때의 경험은 저에게 호기심의 중요성을 알게 해줬으니까요. 사실 자동차에 대해선 아는 게 전무했지만, 전 도대체 차가 어떻게 굴러가는지 무척 궁금해 했고, 호기심이 많았으며 그래서 빨리 깨우칠 수 있게 되었죠.

어쨌든 제1차대전이 끝난 후에 다시 캐딜락사로 돌아왔어요. 캐딜락사에 있던 몇몇 사람들이 라 파예트(La Fayette) 자동차 회사를 만들었구요. 그들은 미국의 롤스 로이스가

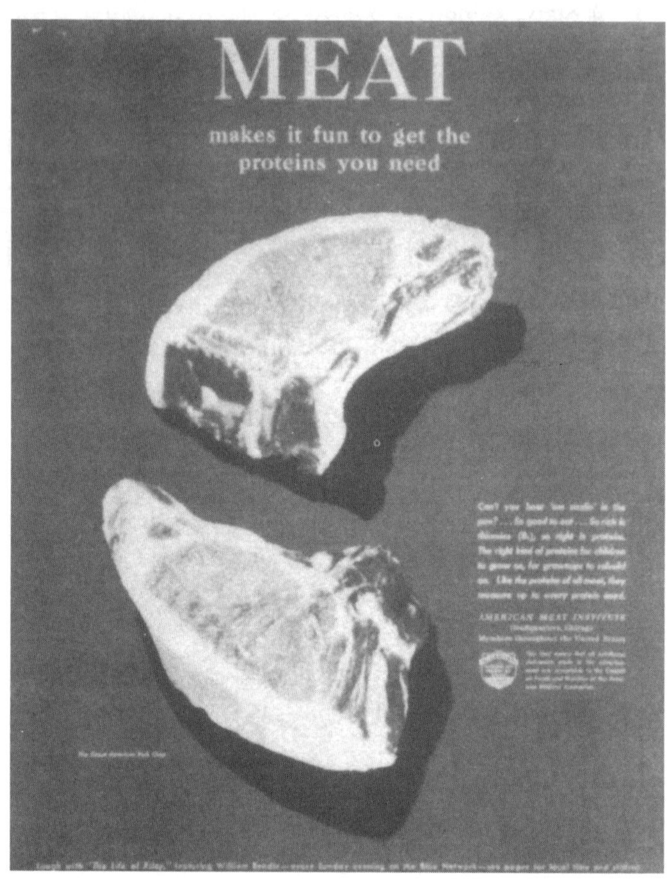

식욕 돋구기 – 1945년 육가공협회의 광고 아이디어는 이렇게 시작되었다.

"나는 그때 뉴욕의 하이 윌리암스 스튜디오에 있었어요. 빨간 살코기의 배경을 빨간색으로 하면 어떻게 보일지 고민하면서… 잘 보일까? 아니면 제품이 죽어 보일까? 일단 한번 시도해 보자."

레오 버넷은 결과를 이렇게 말한다. "이처럼 속임수 없는 순수한 형태의 내재된 드라마야말로, 저질스럽게 웃기려들거나 소비자를 현혹하지 않으면서 가장 자연스럽게 시선을 끌 수 있는 것이죠."

되겠다는 꿈을 키우고 있었는데 1921년 대공황이 나버린 거죠.

그들은 인디애나폴리스로 옮겼고, 저도 그들을 따라서 광고 관리자로 갔어요. 그러나 곧 대공황 때문에 그들과 결별하게 되었고, 때마침 벽에 쓰여진 낙서를 보게 되었어요. 그것이 찰스 내쉬(Chahes W. Nash)와 연결되는 계기가 됐어요. 그들은 Racine & Kenosha로 옮길 계획을 세웠는데 전 마음에 들지 않았어요.

결국 전 인디애나폴리스에 독립적으로 회사를 설립하게 되었지요. 그 후 인디애나폴리스에서 가장 큰 광고대행사의 사장인 호머 맥키(Homer Mckee)로부터 스카우트 제의를 받았어요. 그 제안을 과감히 받아들였고, 그게 저의 첫 번째 대행사 경력이 되었죠.

저는 라 파예트를 떠나 맥키의 크리에이티브 책임자로 가게 되었어요. 호머 맥키는 정말로 위대한 카피라이터였고, 전 그로부터 정말 많은 걸 배웠습니다.

Q 그런데 꼭 묻고 싶은 한 가지가 있습니다. 신문기사를 쓰는 것보다 광고카피를 쓰는 게 더 어렵다고 말씀하신 적이 있었는데……

A 카피가 훨씬 어렵죠. 왜냐하면 카피는 훨씬 축약되면서도 사실을 전달해야만 한다는 것이거든요. 전 신문사에게 일하면서 커뮤니케이션하는 법과 어떻게 독특하게 흥밋거

리를 독자에게 전달할 수 있는지 배울 수 있었어요.

하지만 소비자들의 관심을 유발하고 그래서 제품을 사게 끔 하는 광고카피는 신문기사를 쓰는 것과는 분명히 다른 또 하나의 세계이지요. 뭐랄까, 신문에서는 단지 말들을 조합해 가는 방법을 배운 것이랄까?

Q 사실들을 조합한다는 건가요?

A 사실을 조합하여 무언가를 발견한다는 것은 사람들에게 매우 흥미있는 일이죠. 그래서 전 호머 맥키와 함께 일했지요. 그렇게 지내던 중간에 전 인디애나폴리스의 라 파예트에 오게 되었고 얼 하워드는 저에게 대행사를 선정하는 일을 맡겼어요.

저는 『The Saturday Evening Post』의 1년분을 샅샅이 살펴 보았어요. 당시로서는 최고의 잡지였죠. 그래서 내 판단에 의해 가장 마음에 끌리는 대행사를 하나 선정했어요. 말하자면 당시 맥마누스 같은 분에게서 배운 것이 판단의 기초가 되었죠.

캐딜락에서 근무하는 동안, 난 모든 광고 관련 동아리에서 활동했고 광고 관련 잡지를 모두 구독했죠. 전 제 자신을 항상 다그쳤어요. 그래서 제 판단에만 의존하기보다는 『Saturday Evening Post』를 샅샅이 훑어서 내가 좋아하는 광고들을 모으곤 했습니다. 그 때 내가 괜찮게 여긴 많은 광고들이 시카고에 있는 어윈 웨이지(Erwin Wasey) 사에서 나온 것임을 알 았죠.

나는 그 회사에 대해선 이름 말고는 알고 있는 게 거의 없었어요. 단지 시카고에 있다는 것 외에는 말입니다. 그래 서 전 과감히 어느 토요일 아침 시카고로 날아갔어요. 우린 그 때까지 디드로이트에 있었어요. 인디애나폴리스로 옮기 기 전의 일이었어요. 전국 어떤 대행사보다 많은 광고를 이 회사가 만들었다는 것, 그것으로 충분했어요. 그래서 전 혼 자말로 중얼거렸죠. "이 사람들이 이 정도 광고만 만들어 주 면 대만족이야."

돌아보건대 그 날은 아마 1920년 어느 토요일이었어요. 사무실에는 몇 사람만이 자리를 지키고 있었고, 안내 데스 크에는 아무도 없었죠. 한 소년에게 여기에 어윈 웨이지씨 가 있는지 물어보았죠. 그는 없다고 말했어요.

그는 토요일엔 출근하지 않는다고 말하더군요. 그럼 누구 하고 이야기를 할 수 있냐고 다시 물었죠. 그랬더니 그는 어 떤 사람을 가리키면서 저 사람이 당신과 이야기를 할 수 있 을 거라고 하더군요. "자, 우리 회사 책임 카피라이디 아트 쿠드너(Art Kudner)씨입니다. 말씀 나누세요." 그가 바로 아트 쿠드너였습니다.

Q 그 당시에 카피라이터는 토요일에도 일을 했나 보죠?

A 예, 이건 매우 큰 건이었어요. 예상 빌링이 2백만 불이었으니까 당시로선 정말 큰 광고주였죠. 전 아트 쿠드너씨의 방으로 들어가서는 자신을 소개한 후 "당신이 우리 일을 맡아주겠소?"라고 물었고 그는 흔쾌히 그런다고 답했죠.

그래서 나는 오후 내내 그와 함께 지냈어요. 우린 점심을 함께하며 많은 이야기를 나눴고, 방에 놓여있는 타이프라이터로 미루어 봐서 그가 그 회사의 카피책임자라는 것도 알았죠. 나를 디트로이트의 자동차 업계에 몸담게 했던 Obie Winters씨도 Green, Fulton & Cunningham으로부터 어윈 웨이지사로 회사를 옮겼어요. 그래서 우린 정말 우연히 다시 만나게 되었습니다. 그때로서는 전혀 모르는 일이었어요. 대행사 선정과도 아무 연관이 없었구요. 더욱 큰 행운은 Art를 만난 것이었구요.

어윈 웨이지사는 당시에 시카고에 있었죠. 그건 매우 다행스러운 일이었으며, 그들은 라 파예트를 위해 많은 일을 했죠. 전 그 와중에 Art나 Obie 그리고 어윈 웨이지사의 많은 사람들로부터 배울 수 있었습니다. 그런 후에 다시 Homer Mckee로 돌아갔으며, Art는 저에게 광고가 재미있다고 여겨지면 함께 일하고 싶으니 자기에게 꼭 연락하라는 말을 남겼습니다.

Q 당신은 광고 책임자로서 카피를 쓰기도 했나요? 그리고 편집은요?

A 몇 개 썼죠. Homer Mckee로 돌아와선 많이 썼구요. 돌아온 지 얼마되지 않아 우리는 당시로선 정말 큰 광고주인 마몬(Marmon)사를 맡게 되었어요. 지금은 없어졌지만 정말 큰 자동차 회사였어요. 그래서 전 인디애나폴리스에서 10년 동안 아주 행복한 나날들을 보낼 수 있었죠. 세 명의 아이도 그때 생겼구요.

Homer Mckee는 잘 나가는 대행사였어요. 그런데 마몬이 들어오면서 일이 꼬이기 시작했어요. 경영의 변화 등 몇 가지 이유가 있었죠. 때마침 1929년의 대공황을 맞게 되었구요. 상황은 급변했죠.

우린 인디애나폴리스에서 참 풍요롭게 살고 있었죠. 하지만 전 집사람에게 이렇게 말했어요. 내가 광고계에서 크려면 빨리 인디애나폴리스를 떠나야 될 거 같다구요. 제 나이 마흔이었어요. 저는 바로 뉴욕으로 본사를 옮긴 어윈 웨이 지사의 아트에게 전화를 걸었어요.

진 수 년 간 아트를 만나왔죠. 틈만 나면 그를 방문하고는 했으니까요. 물론 오비도 함께 말입니다. 어쨌든 전 뉴욕에서 Art에게 전화를 했어요. 그리곤 몇 년 전 함께 일할 생각이 있으면 연락하라던 말이 기억나냐고 물었죠. 덧붙여 난 지금 바로 당신과 일하고 싶다고 말했습니다.

그러자 그는 자기는 여전히 마음에 변함이 없으며 내일이라도 당장 시카고에 있는 사무실로 오라고 말했죠. 자기가 Chet Faust(당시 경영책임자)에게 일러둘 테니까 그 사람과 급여, 근무 조건 등의 모든 것을 상의하라는 말과 함께……

그렇게 해서 나는 시카고로 갔고 어윈 웨이지사에서 일을 하게 되었죠. 크리에이티브팀에서 말입니다. 훗날 나와 함께 일하게 된 사람들도 바로 거기서 만나게 되었죠. 그곳에 간 지 얼마 안 되어 난 데윗 오키에프(Dewitt O'kieffe)를 고용할 것을 권유했어요. 그는 인디애나폴리스에서 수 년 간 나를 위해 일해 온 탁월한 카피라이터였습니다. 물론 그도, 내가 1935년 회사를 만들 때 창업멤버가 되었으며 지금은 우리 회사의 수석 부사장이죠.

Q 당신은 초창기에 주로 딱딱한 제품이나 자동차 등의 광고주를 담당했지요. 그런데 경험에 비추어 볼 때 하나가 아닌 여러 제품의 카피를 쓴다는 것은 힘든 일 아닌가요? 다시 말해 자동차 광고 하다가 냉장고 광고 한다는 건 어렵지 않느냐는 말이죠.

A 아니오. 그 제품들이 그렇게 다르다고 생각하진 않아요. 어떤 제품에 대해서 끄집어낼 수 있는 소구점이 있다면 그런 방법을 다른 제품에도 응용할 수 있어요.

우리 회사에서의 예에서도 알 수 있어요. 우리가 성공시

"약품과 같은 몇몇 제품의 경우, 경험이 아주 중요해요. 어떤 게 효과가 있고 어떤 게 효과가 없는지 등에 대한 과학적 사실이 포함된 정보 말입니다. 그러나 지식이나 체험보다 더 중요한 건 개개인의 표현능력, 사고능력, 영어구사능력 등입니다."

킨 캠페인 중에는 우리에게 노하우가 전혀 없는 제품도 있었으며, 그들을 우리의 광고주로 영입하고 나서야 그들 제품을 처음으로 만난 적도 있으니까요. 우린 산타페(Santa Fe)를 광고주로 모시고 나서 철도산업을 처음 알았어요. 퓨어 오일(Pure Oil)이 들어오고 나서 석유를 알게 되었고, 브라운 슈(Braun Shoe) 때문에 신발산업을, 어윈 웨이지 때문에 식품산업을 공부하기 시작했죠. 그린 자이언트(Green Giant)의 경우에는 광고를 완전히 새롭게 시작했죠. 오늘날의 자이언트는 우리가 완전히 바꾼 기업이었다고 할 수 있지요.

Q 다른 카피라이터들은 어때요? 『애드버타이징 에이지』(Ad Age)나 『시카고 트리뷴』(Chicago Trib) 같은 잡지를 보면, 한 카피라이터가 특별한 종류의 작품에 경험이 있는 경우가 있잖아요. 카피라이터는 특정 영역에 경험을 가지고 있어야만 하나요?

A 꼭 그렇지만은 않지요. 하지만 약과 같은 몇몇 제품은 또 달라요. 제약의 경우 어떤 게 효과가 있고 어떤 게 효과가 없는지 등에 대한 노하우가 있다면 그 자체가 그 약을 광고하는 데 가장 필요한 정보가 되지 않겠어요? 식품의 경우엔 영양에 대한 기본적인 지식이 있으면 좋겠죠. 하지만 지식이나 체험보다 더 중요한 것은 개개인의 표현능력, 사고능력, 영어구사능력 등입니다. 이것들은 후천적

으로 학습이 가능해요. 그러나 특별한 지식이 필요한 사례
도 간혹 있어요. 농산물 같은 경우, 배경지식이 있으면 더
욱 좋겠지요.

Q 카피라이터는 어떤 걸 읽어야 하나요? 개인적으로는 어떤 걸 읽
으세요? 전기 같은 건 어떤지요?

A 닥치는 대로 읽죠. 지금은 독서할 시간이 없어요. 집사
람하고 전 스페인어를 공부하고 있거든요. 쉬는 시간을 거
의 다 투자하고 있어요.

Q 아직도 직접 현장에서 일을 하나요?

A 물론 하죠. 요즘은 마무리 작업보다는 주로 플랜 단계에
참여해요. 애드 브리프를 많이 작성하고, 사람들의 생각이
전개되어가는 과정을 리스트해 두지요.

우린 지금 Galo 와인에 대한 아이디어를 내고 있어요.
어제만 하더라도 대략 8시간 정도 회의를 하면서 시장과
제품, 조사결과에 대해 의견을 나눴어요. 이번 주말엔 그렇
게 해서 정리된 것들을 토대로 제작팀과 미팅을 가실 예정
입니다.

크리에이티브 아이디어가 될 수 있는 모든 것들을 대대적
으로 함께 발전시켜 나갈 생각입니다. 직원들은 새로운 건
이 생기면 참 다들 좋아해요. 발빠르게 움직이구요. 그러면

회사는 누가 최종적으로 책임을 질 것인지 구애받지 않고 그들에게 일할 기회를 줍니다.

Q 제가 꼭 물어보고 싶었던 게 있습니다. 당신은 어떻게 아이디어를 찾나요? 어떤 사람은 책상에 다리를 올려놓고 창 밖을 쳐다보며 맥주를 한잔 할 때 아이디어가 나온다고 하고, 어떤 이는 화장실에서… 당신만의 문제 접근방법이 있나요? 카피라이터로서 당신만이 계속 써 온 특별한 방법같은 건 없는지요?

A 특별한 건 없어요. 있다면, 제품에 대한 모든 정보를 머릿속에 가득가득 입력시키는 거죠. 또한 제품을 사용할 사람들과 1대1로 심층인터뷰하는 방법이 좋다고 믿고 있어요. 제품을 쓰게 될 사람들의 모든 것을 머릿속에 그려보기도 합니다. 사실 그들이 입밖으로 내뱉는 말은 그리 많지 않아요. 하지만 그들과 이야기하는 동안에 그들의 구매욕구를 실제로 자극할 만한 해답은 들어 있지요.

Q 당신은 오랫동안 광고업계의 많은 사람을 만났고, 여러 카피라이터가 쓴 많은 종류의 카피를 보아 오셨는데요. 그들의 독특한 차이를 구분해 내실 수 있으실 테지요. 그들에게는 어떤 공통점이 있나요? 아니면 백인백색인가요?

A 글쎄요, 제 생각에 카피라이터는 어떤 틀에 의해 키워지는 게 아닌 거 같아요. 하지만 유명한 사람들에겐 자기들이

낭만적인 – 1930년대 후반 레오 버넷이 제작한 그린 자이언트의 통조림콩 광고.
"그냥 쉽게 '신선보관'이라는 헤드라인으로 갈 수도 있었죠. 그러나 '달빛으로 숙성'이라는 헤드라인은 뉴스가치와 낭만을 동시에 지니고 있었어요. 또한 여느 통조림콩에서 보기 힘든 특별한 배려가 함축되어 있지요."

록웰을 설득하다 – 레오 버넷은 1964년 이 시리즈 캠페인으로 (카피보다는) 컨셉의 달인으로 명성을 얻는다. 그는 알링턴으로 직접 찾아가서 소극적인 태도를 보이딘 Norman Rockwell을 설득했다. 켈로그 콘프레이크는 어린이의 머리가 나오는 시리즈 광고를 집행하게 되었고 사람들의 눈에 이 광고는 확실하게 돋보였다.

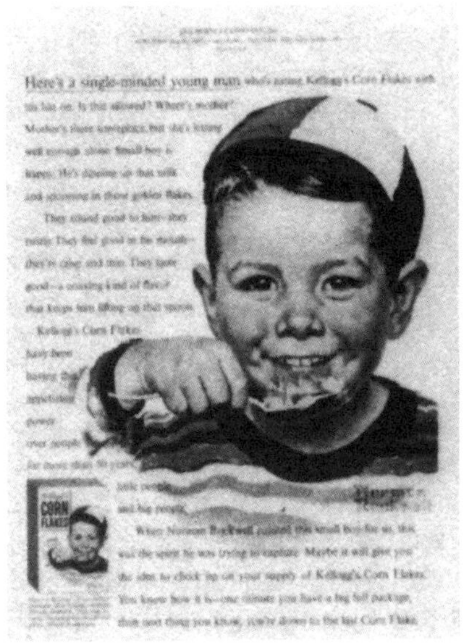

알고 있는 사실이나 경험을 새로운 관계로 만들어내는 데 일가견이 있죠. 저희 회사도 시카고 광고학교처럼 직원들이 타협하는 것보다 자기주장을 관철하고, 휴머니즘이 있는 사람으로 크기를 원하니까요.

전 그렇게 믿고 있어요. 가장 자연스럽게 눈에 들어오는 것(Sheer Visibility)이 중요하다고 말입니다. 그것은 인쇄광고나 전파광고나 마찬가지예요. 비싼 광고비를 생각한다면 더더욱 그렇죠. 주목받지 못한다면 그건 실패한 거예요. 다시 말해, 일단 시선을 끌어야 합니다. 하지만 기교나 술수가 아니라 가장 자연스러운 상태에서 주목을 받아야 한다는 겁니다.

Q 한번에 눈에 확 들어와야만 된다는 건 아닌가요?

A 무조건 튀는 것만이 전부는 아니란 말입니다. 우리는 계속해서, 이른바 제품에 내재된 드라마의 중요성을 강조하고 있어요. 메이커가 어떤 제품을 시장에 내놓을 때는 분명히 그게 있기 마련이니까요. 그걸 찾아내야만 사람들에게 팔 수 있는 거죠. 그것은 절대 트릭이나 술수일 수는 없다는 겁니다. 그것이 커다란 케이크가 되었든 아니면……

Q 아니면 자동차가 되었든?

A 그래요. 자동차의 경우도 마찬가지죠. 우린 수 년 전 육

가공 회사의 광고를 대행한 적이 있었는데, 그건 우리 회사의 기념비가 될 만한 성공작이었죠. 저희는 소고기의 이미지는 살아있는 싱싱함 같은 것이어야만 한다고 생각했고, 빨간색의 살을 보여주는 게 가장 좋은 표현이라고 여겼죠. 하지만 육가공업계의 많은 사람들은 익지도 않은 그런 날고기를 보여줄 경우 주부들이 매우 징그럽게 여길 거라고 이야기했습니다.

하지만 저희는 주장을 굽히지 않았고, 많은 조사를 한 끝에 그것이 결코 주부들에게 징그럽게 여겨지지 않는다는 사실을 알았어요. 그래서 순살코기를 있는 그대로 보여주는 것보다 좋은 표현은 없다고 확신했고, 그래서 처음부터 끝까지 새빨간 고기의 속살을 보여줬죠. 그러나 작업을 하는 과정은 그리 만만하지 않았어요. 밤 늦게까지 혼자서 스튜디오에 남아 엄청나게 많은 사진을 찍어댔죠. 당시만 해도 전 아주 빠릿빠릿 했어요. 하지만 회사는 보잘것없이 작았고 광고파트는 더더욱 그랬었죠.

난 뉴욕의 Hi Williams스튜디오에 있었어요. 그리고 빨간 살코기의 배경을 빨간색으로 했을 때 어떻게 보일지 궁금했어요. 잘 보일까, 아니면 배경 때문에 제품이 죽어버릴까······.

마침내 우리는 빨간색 배경에 빨간색 스테이크를 촬영했죠. TV커머셜이 나오기 전에 일단 만들어 보고 판단하기로 했죠. 새벽 다섯 시가 넘었지만 우린 살코기를 온갖 방법으로 다 다루어 봤어요. 다른 장소에 갖다 놓아도 보고 요리법을 바꿔 보기도 하고…….

마침내 고기를 둥글게 한 조각 떼어서 토막낸 후 그것을 커다란 붉은 종이 위에 놓았어요. Hi가 촬영을 했죠. 돼지고기를 두 조각 붉은 배경에 두고 찍는 방법을 썼죠. 그 일을 수없이 반복했어요.

그리고 얼마 후 인쇄가 되어서 나왔어요. 놀라운 일이었죠. 너무나 선명했으니까요. 육가공협회 사람들은 저희에게 기립박수를 보냈고, 시장에서 사람들은 광고에 나간 그 고기를 달라고 줄을 섰으니까요.

글쎄요, 이런게 바로 내재된 드라마가 아닐까요. 어떤 트릭도 없었습니다. 오히려 트릭이라면 배경을 빨간색으로 했다는 것이죠. 하지만 그것은 기교가 아닌 아주 자연스러운 것이었습니다. 그것은 레드 컨셉을 강화하는 것이었고, 이는 곧 싱싱한 살코기로 연결되었던 것이니까요. 우린 그 후에도 계속하여 빨간색 배경의 광고를 집행했습니다.

바로 이처럼 속임수 없는 내재된 드라마야말로 저질스럽게 웃기려고 들거나, 소비자를 현혹하지 않으면서 가장 자연스럽게 시선을 끌 수 있는 것이죠.

Q 방금 떠오른 질문이 있어요. 오길비씨한테 들은 바로는 당신은 아주 특이한 표현이나 영감을 자극하는 표현이 있으면 그걸 꼭 써놓는 목록이 있다고 하던데… 이를테면 일상어라든가 "Winston tastes good 'like' a cigaret should"와 같은 재치있는 표현 등을 보관하는 작은 상자가 책상 서랍에 있다고 들었어요.

A 저에겐 아주 큰 서류철이 있어요. 계속 커지고 있죠. 제 기억으로는 회사를 차리면서 계속 지니고 있었는데, 전 그걸 Corny Language(잡동사니 어휘)라고 부르죠. 대화를 하다가 혹은 아이디어를 내는 과정에서 좋다 싶은 표현이 있으면 전 바로 그곳에 기록하여 보관하죠.

일 년에 서너 번은 그것들을 뒤적이며 적용할 수 있는 제품이 있으면 그것을 이용하곤 해요. 그래서 항상 저의 귀는 평범한 말이라도 평범하지 않게 조합하여 아이디어를 표현할 수 있도록 열려있고, 그걸 꼭 기록하죠. 그래서 다시 그걸 이용하구요. Corny Language, 전 아직도 계속 해오고 있습니다.

또한 역시 계속 부피가 매년 커지고 있는 또 다른 파일이 저에겐 있습니다. 전 그걸 가치있는 광고들(Ads Worth Saving)이라고 부르거든요. 지난 25년 간 줄곧 가지고 있죠. 그것도 역시 마찬가지로 일할 때 큰 도움이 되죠.

Q　그 밖에 보관하고 계신 또 다른 자료가 있나요?

A　다른 자료라… 전 매주 잡지를 봐요. 신문은 『뉴욕 타임 즈』, 『시카고』, 『월 스트리트 저널』을 매일 아침마다 읽죠. 그 때마다 스크랩을 해요. 보다 나은 프리젠테이션 방법이 나 좀 더 효율적인 광고표현 등을 찾아서 말입니다. 그리고 그것들을 일 년에 두 번 정도 다시 한번 살펴보죠. 그것들을 모방해서 써먹으려는 것이 아니라 우리가 진행하고 있는 일 에 무언가 도움될 것이 없나 찾아보기 위해서 말이죠.

광고 글쓰기의 아트
조 지 그 리 빈 과 의 대 화

조지 그리빈 George Gribbin (1907~1981)

1929년~1935년_ J.L. Hudson, Macy 등의 백화점 카피라이터, 1935년_ 광고대행사 Young and Rubicam에 카피라이터로 입사, 1951년_ Young and Rubicam 라디오 및 TV 담당 부사장, 1958년_ Young and Rubicam Advertising Agency 사장, 1963년_ Young and Rubicam Advertising Agency 회장.

주요 광고캠페인 Arrow Shirts, Traveler's Insurance 등

"카피라이터는 행복해야 합니다. 그리고 낙천가여야 합니다. 인생에
방해되는 그 어떤 것도 그에게는 이롭지 못합니다."

조지 그리빈

George Gribbin

메디슨가 285번지에 있는 조지 그리빈의 사무실은 부드러운 갈색과 붉은색으로 치장되어 있었다. 식민지 시대 영국풍의 멋을 풍기는 기구들로 장식되어 있고, 그의 대가족 사진들과 조각들로 꾸며져 있었다. 그는 건물 6층 코너에 사무실을 가지고 있었다. 가죽 팔걸이 의자에 다리를 꼬고 앉아 이야기를 시작했지만 우리는 택시 경적과 고함 소리, 그리고 트럭과 버스의 시끄러운 소리들, 그리고 바로 아래쪽에서 들리는 메디슨가의 소음 때문에 그가 하는 말을 잘 듣기 위해 신경을 써야 했다.

Q 그리빈씨, 어떻게 해서 카피라이터가 되셨습니까?

A 저는 위스콘신 대학에서 저널리즘을 공부했습니다. 꽤 열심히 공부를 했지요. 그리고 2학년 때, 영어를 전공해야겠

다고 생각한 후, 스탠포드 대학으로 옮겨서 거기에서 영어학으로 졸업을 했습니다. 디트로이트로 되돌아와서 나는 신문사에서 당연히 나를 원할 거라고 생각을 했습니다. 그런데 사실은 그게 아니더군요.

Q 그러면 무엇을 하셨습니까?

A 나는 광고에 너무나 무지했기 때문에, 광고에 관한 글을 써주고 돈을 버는 사람이 있으리라고는 생각을 하지 못했습니다. 그런데 친구 하나가 광고일을 찾기 시작했죠. 전 몇몇 디트로이트 광고대행사―기억에 캠벨 이월드(Campbell- Ewald)도 그 중 하나입니다―를 방문했는데, 리셉셔니스트를 통과할 수가 없었습니다.

그래서 J.L. Hudson까지 가게 되었는데, 그 회사는 세계에서도 손꼽히는 거대한 백화점 중의 하나였죠. 드디어 그곳에서 일을 할 수가 있게 되었는데 그 이유는 그 당시만 해도 대학을 나온 사람이 백화점을 지원하는 것이 흔치 않은 일이었기 때문이었죠. 전 Phi Beta Kappa(역자주: 1776년에 창설된, 성적이 우수한 미국 대학생 및 졸업생 클럽의 회원)였습니다.

Q 그들이 굉장히 놀랐겠는데요?

A 그래요. 그들은 내가 공부를 많이 한 것을 알게 되었고,

난 마침내 그 곳에서 직업을 갖게 된 것이죠. 그러나 한동 안 전 풀러(Fuller) 칫솔을 팔게 될지도 모른다고 생각을 했습 니다.

Q   혹시 신문사 일을 하게 될 때까지 잠시 시간을 벌려는 목적으로 그 일을 하게 된 것은 아닌가요?

A   그렇게 생각했을지도 모르죠. 하지만 의도적으로 계산 하지는 않았어요. 광고인보다는 신문사 일을 하는 사람이 되고 싶지는 않았을까 하는 쪽에 무게를 두었으리라고 수 년째 생각하고 있습니다.

Q   잠깐만 되짚어 볼까요? 무엇 때문에 신문기자가 되고 싶었습니 까? 아버지께서 그 일을 하고 계셨었나요?

A   모든 아이들은 무언가에 최고가 되고 싶은 소망을 가지 고 있지 않나요? 전 함께 무슨 일을 하는 데는 익숙하지 않 았구요. 축구나 야구, 농구 또는 고등학생 또래 아이들이 정 말 잘 하고 싶은 다른 일에도 전 아주 취약했어요.

그래서 전 독서에 더 많은 시간을 투자하게 되었습니다. 책을 많이 읽었기 때문에 작문 실력이 향상되었다고 생각합 니다. 지역 글짓기 대회에서 상도 몇 개 탔구요. 그로 인해 내가 상당한 작문 실력이 있는 것처럼 착각을 하게 되었습 니다. 스스로 과대평가를 했던 거죠.

Q   그리빈씨, 어쨌거나 선생님은 광고 일을 하게 되었고 성공적인 카피라이터가 되셨습니다. 그래서 이런 질문을 드리는데, 선생님 생각에는 어떤 훈련이 카피라이터로서 성공하고자 하는 사람에게 가장 좋다고 할 수 있을까요?

A   초보 카피라이터의 경우를 말씀하시는 겁니까?

Q   아니요. 카피라이터 전체에 대해서요.

A   글쎄요. 그 질문에 바로 답하기는 상당히 곤란하군요. 초기에 제가 Y&R에서 일할 카피라이터를 채용하는 일에 관계하고 있을 때(이제는 더 이상 그 일을 하지는 않아요. 카피부서에 맡겼습니다) 전 항상 이렇게 생각했습니다. 만약 카피라이터와 비즈니스맨 중에서 하나를 선택해야만 한다면, 카피라이터가 우선이고 비즈니스맨은 다음이라고요.

전 카피라이터로부터, 카피라이터가 요구하는, 훌륭한 비즈니스맨이 될 수 있으리라고 생각합니다. 그러나 비즈니스맨에서 좋은 카피라이터가 될 수 있다고는 생각하지 않습니다.

전 그런 면에서 다소 편견을 가지고 있다고 할 수 있는데, 그 이유는 제 자신을 뒤돌아보고 내린 결론이기 때문입니다. 이제 자질에 대해서 말씀드리면, 카피라이터는 젊었을 때 한번도 실패를 경험하지 않으면서 탄탄대로만을 달려온 사람이 아니라면 더 좋겠죠.

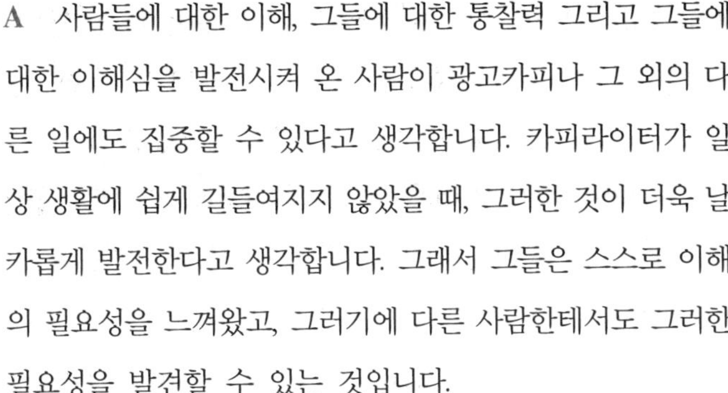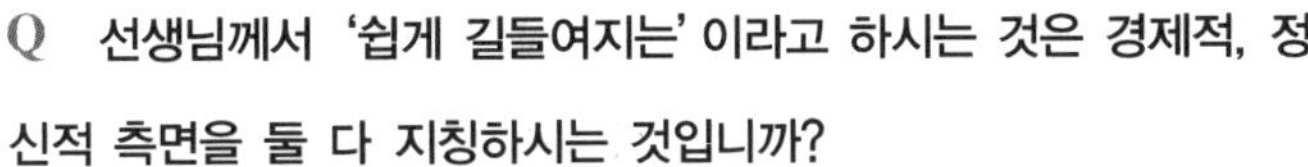

Q 무슨 말씀이신지? 좀 더 구체적으로 말씀을 해주시겠습니까?

A 사람들에 대한 이해, 그들에 대한 통찰력 그리고 그들에 대한 이해심을 발전시켜 온 사람이 광고카피나 그 외의 다른 일에도 집중할 수 있다고 생각합니다. 카피라이터가 일상 생활에 쉽게 길들여지지 않았을 때, 그러한 것이 더욱 날카롭게 발전한다고 생각합니다. 그래서 그들은 스스로 이해의 필요성을 느껴왔고, 그러기에 다른 사람한테서도 그러한 필요성을 발견할 수 있는 것입니다.

Q 선생님께서 '쉽게 길들여지는' 이라고 하시는 것은 경제적, 정신적 측면을 둘 다 지칭하시는 것입니까?

A 정신적인 측면을 말합니다. 비록 제가 부유하고 온실처럼 보호된 가정에서 자라난 보통의 평범한 사람들에게 동기부여를 해주는 것이 무엇인지를 잘 모른다고 하더라도 말입니다. 가난이라는 것이 중류사회에서 자라난 것보다 낫다고는 할 수 없지만, 부유하게 자라난 것보다는 중류사회에서 자라난 것이 낫다고 생각합니다.

Q 그래서 선생님께서는 밑에 있는 카피라이터들에게 가끔은 Chock Full O'Nut 레스토랑에서 식사를 하라고 추천하십니까?

A 그곳에서 가끔 식사를 하지 않는다면 매우 어리석은 잘못을 하는 것이라고 말하곤 합니다. 단순히 한 끼 식사에

10달러도 지출하지 않는 사람들이 많다는 것을 이해하는 것이 중요해서만은 아니고, 음식이 매우 맛있기 때문입니다.(웃음)

Q 그리빈씨, 선생님께서는 광고문안을 작성하시는 일이 여타 다른 형식의 글을 쓰는 것보다 어렵다고 생각하십니까? 아니면 쉽다고 생각하십니까?

A 그 질문에는 매우 주관적인 견해를 가지고 있습니다. 왜냐하면 광고문안은 많이 작성해 보았지만, 다른 글들은 거의 써보지 못했기 때문입니다. 그러나 신문에 기사를 쓰던 내 대학 시절의 경험과 비교하여 말씀을 드리면, 기사 원고를 쓰는 것보다 광고카피를 쓰는 것이 더 어려운 작업이라고 생각합니다.

하지만 정말로 훌륭한 신문기사 작성자—이를테면 지미 레스턴(Jimmy Reston)—와 카피라이터를 비교한다면, 극도로 정연한 신문기사를 쓰는 것이 극도로 계산된 광고문안을 작성하는 것보다 충분히 더 어렵다고 말할 수 있을 겁니다. 그런 유형의 해설적인 신문기사—예를 들면, Reston이나 Walter Lippman같은 사람에 의해 쓰여진 글들—들은 제품을 설명하기 위해 요구되는 지식보다 좀더 광범위한 지식을 필요로 합니다.

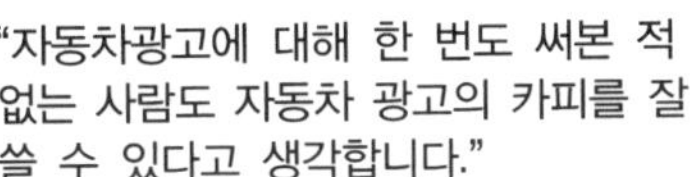

"자동차광고에 대해 한 번도 써본 적 없는 사람도 자동차 광고의 카피를 잘 쓸 수 있다고 생각합니다."

"부유하고 온실처럼 보호된 가정에서 자란 평범한 사람들에게 동기부여를 해주는 것이 무엇인지는 잘 모르겠습니다. 하지만 가난이라는 것이 중류사회에서 자라난 것보다 낫다고는 할 수 없지만 무유하게 사라난 것보다는 중류사회에서 자라난 것이 낫다고 생각합니다."

Q 무게있는 지성이라는 말씀이신가요?

A 글쎄요. 그런 표현이 맞을는지는 모르지만, 하여튼 분명한 것은 오늘은 무엇을 먹을까를 고민하는 것보다는 콩고 사태의 심각성을 제대로 인지해야만 한다는 것이죠.

그러나 수프를 광고하기 위해 문안을 작성하는 것이 자동차 사고나 강도 사건을 취재하기 위해 나가는 것보다는 더 어려운 일이겠죠. 왜냐하면 자동차 사고나 강도사건 같은 것은 기본적으로 사람들에게 흥밋거리가 되잖아요.

그러한 기사를 흥미롭게 작성하는 데는 그다지 큰 기술이 필요하다고는 할 수 없지요. 사람들로 하여금 광고하는 제품들에 관심을 갖도록 하는 것이 더 고난도의 기술이 필요합니다.

Q 카피를 쓰는 데 있어서 필요한 간단명료성에 대해서도 한 말씀 좀… 길게 쓰는 것보다는 짧은 문안을 작성하는 것이 더 많은 시간을 필요로 한다고 누군가의 글을 언급하신 적이 있었죠.

마음에 드는 – 조지 그리빈이 카피를 쓴 광고 중의 하나. 그가 좋아하는 광고이며 그의 신조를 잘 나타내고 있다. "광고를 만드는 과정의 공식같은 걸 말씀드릴 수는 없지만 광고를 만든 다음에 되짚어보기 위한 공식은 잘 말씀드릴 수 있습니다. 헤드라인은 카피의 첫 번째 문장을 읽도록 하는가? 카피의 첫 줄은 두 번째 문장을 읽도록 만드는가? 그리고 카피를 단숨에 읽어내렸는가를 체크해 보십시오. 독자가 카피를 그만 읽기를 원할 때쯤이면 카피도 끝나 있어야만 합니다."

My friend, Joe Holmes, is now a horse

JOE ALWAYS SAID when he died he'd like to become a horse.

One day Joe died.

Early this May I saw a horse that looked like Joe drawing a milk wagon.

I sneaked up to him and whispered, "Is it you, Joe?"

He said, "Yes, and am I happy!"

I said, "Why?"

He said, "I am now wearing a comfortable collar for the first time in my life. My shirt collars always used to shrink and murder me. In fact, one choked me to death. That is why I died!"

"Goodness, Joe," I exclaimed, "Why didn't you tell me about your shirts sooner? I would have told you about Arrow shirts. *They never shrink out of perfect fit.* Not even the oxfords."

"G'wan," said Joe, "Oxford's the worst shrinker of all!"

"Maybe," I replied, "but not *Gordon*, the Arrow oxford. I know. I'm wearing one. It's Sanforized-Shrunk—can't shrink even 1%! Besides, it has Arrow's unique Mitoga tailored fit! And," I said reaching a crescendo, "Gordon costs only $2!"

"Swell," said Joe. "My boss needs a shirt like that. I'll tell him about Gordon. Maybe he'll give me an extra quart of oats. And, gosh, do I love oats!"

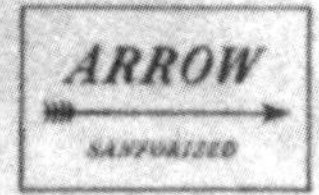

If it hasn't an Arrow Label, it isn't an Arrow Shirt

ARROW SHIRTS

Sanforized-Shrunk — a new shirt free if one shrinks out of fit

A 카피를 쓰는 일에서 압축을 하는 작업이 어렵다는 것은 당연하지요.그리고 생활 속에서의 경험과 책들 속에서 얻은 지식들에 기초해서 문안을 작성하고, 그래서 어떤 심정적인 연결 고리나 사람들에게 흥미를 유발시킬 수 있는 그 무엇을 통해 광고하는 제품을 접목시킨다는 것이 더 어려운 일이라고 생각합니다. 여기에는 사람들에게서 관심을 끌어모을 수 있는 헤드라인이나 카피 문안을 작성하는 것 뿐만 아니라, 이미지를 찾아내는 능력도 요구됩니다.

예를 들어, 광고를 한다면서 단순한 비누만을 비주얼로 보여준다면 과연 눈길을 주는 사람이 얼마나 되겠습니까? 좀 더 흥미로운 그림을 만들어낼 수 있는 상황을 찾아내야만 하지 않을까요? 이를 위해서는 당연히 새로운 이미지를 창조해낼 수 있는 평범하지 않은 탐구적 마인드가 요구됩니다.

Q 선생님께서 말씀하시는 것은 카피라이터가 광고에 있어 아트의 방향을 제시하는 적극적인 입장에 서야 한다는 뜻인가요?

A 당연히 아티스트와 함께 일을 해야지요. 제가 직접 잡지·신문·포스터의 카피를 쓸 때, 전 아티스트들—가장 훌륭한 아티스트 중에 하나가 잭 앤서니(Jack Anthony)입니다.—과 함께 항상 같이 일을 했지 한 번도 따로따로 일을 한 적이 없습니다. 잭과 전 함께 머리를 맞대고 앉아서 이미지를 그

려보기도 했고, 또 함께 헤드라인을 쓰곤 했습니다.

Q   선생님께서 지금 '카피를 쓰던 시절'이라고 말씀하셨는데, 지
금은 그럼 카피를 쓰지 않으십니까?

A   거의 쓰지 않습니다.

Q   거의요?

A   때때로 아이디어를 내기도 합니다. 그리고 더 좋은 헤드
라인을 쓸 수 있다고 생각하기도 합니다. 하지만 카피라이
터로서 일을 하기에는 너무나 많은 다른 일들을 처리해야만
합니다.

Q   다음은 아이디어에 대해서 이야기를 해보죠. 아이디어를 찾아내
는 방법들에 대해서 많은 책들이 쓰여졌고 많은 강연들이 있었습니
만, 이에 대해 하실 말씀이 있으신지… 혹 누가 광고 카피를 쓰다가
문제가 생겼다고 도움을 청한다면, 선생님께서 해주실 수 있는 명확
한 해법을 갖고 계십니까?

A   제가 현업에서 카피를 쓸 때, 어떤 공식같은 걸 가지고
있었다고는 생각지 않습니다. 대신에 확실한 습관들을 가지
고 있습니다. 하나는 카피라이터는 제품에 대해서 아주 많
이 알아야만 한다고 생각하는 것이지요. 단순히 그가 광고
하는 제품의 물리적 특성뿐만 아니라 그걸 사는 사람들이

어떤 부류의 사람들인가 그리고 무엇 때문에 그 제품을 사는가 하는 것까지요.

고객을 아는 것 그리고 제품을 아는 것 그리고 이 둘 다를 아주 깊이있게 아는 것이지요. 그런데 이렇게 말을 하고 보니 이것들이 또 하나의 공식이 되는 것 같아 두려워지는군요.

저는 훌륭한 아티스트와 일을 했습니다. 우리가 원하는 시츄에이션이 어떤 것인지를 생각하고는 했죠. 그것은 카피와 분리된 그림들이 아니었습니다. 카피와 그림이 잘 조화된 것들이었죠. 수 년 전에 제가 쓴 애로우 셔츠의 애드 브리프로 돌아가보면 저도 일러스트를 할 수 있다고 생각합니다.

저는 패션 광고에서 흔히 쓰이는 멋들어진 모델이 아닌 바로 당신과 저같은 극히 평범한 사람이 애로우 셔츠의 타겟이라고 느꼈습니다. 그리고 이 점을 전달할 수만 있다면 훌륭한 광고를 만들 수 있다고 생각했습니다. 그래서 저는 "애로우 셔츠를 입으면 나도 멋있어 보인다."라는 헤드라인을 썼습니다. 그러고 나니까 정말로 평범하게 보이는 사람이 있어야 겠다는 생각이 들더군요. 어쩌면 그 사람을 약간 우스꽝스럽게 보일 필요도 있을 것 같구요.

Anthony는 저보다 더 지혜로웠습니다. 그도 그것이 좋은 아이디어라고 생각했지만 우리가 필요로 하는 모델이 Norman Rockwell 타입이나 주근깨 투성이의 젊은 남자여만 한다고 생각했습니다. 수수하지만 우스꽝스럽게 과장되

지 않은 그런 사람 말입니다.

광고에는 아이디어가 있으니까 그림도 있고 헤드라인도 있습니다. 그리고 이것들이 잘 조화되어 있습니다. 그리고 이것이 제가 생각하는 광고를 만드는 방법입니다. 광고는 분리된 조각들로 나눌 수 없습니다.

이제 일단 광고가 만들어졌으면 분석을 시작할 수 있습니다. 그리고 그 효과를 증명할 수 있습니다. 광고를 만드는 과정의 공식같은 걸 말씀드릴 수는 없지만 광고를 만든 다음에 되짚어보기 위한 공식은 잘 말씀드릴 수 있습니다.

헤드라인은 카피의 첫 번째 문장을 읽도록 만드는가? 카피의 첫 줄은 두 번째 문장을 읽도록 만드는가? 그리고 당신이 카피를 단숨에 읽어내렸는가? 이런 것을 체크해 보십시오. 독자가 카피를 그만 읽기를 원할 때쯤이면 카피도 끝나 있어야만 합니다.

Q 카피라이터로서의 당신은 누구로부터 혹은 무엇으로부터 영향을 받았나요?

A 저는 아주 훌륭한 수 많은 광고인으로부터 영향을 받았다고 생각합니다. 로이 휘티어(Roy Whittier), 레이몬드 루비캠(Raymond Rubicam), 시드 워드(Sid Ward), 테드 패트릭(Ted Patrick)을 비롯한 수많은 사람들로부터요.

WHEN I WAS 28, I thought I'd probably never get married.

I'd always been over-tall, and my hands and feet were always getting in my way, and my clothes never looked *nice* on me the way clothes looked on other girls.

It seemed pretty certain that no knight would ever come along on his big white charger and carry *me* away.

But a man did come along. Everett wasn't the masterful kind you dream about when you're sixteen, but a shy and awkward sort of fellow who didn't exactly know what to do with *his* hands and *his* feet, either.

He saw something in me that I didn't know I had myself. I actually began to feel like somebody. In fact, both of us did. Pretty soon, we got so used to each other that we felt lost when we weren't together, so we figured it probably was the sort of love you read about in the story books, and we got married.

It was a day in April, and the apple trees were in blossom, and the whole earth smelt sweet. That was nearly 30 years ago and it's been that way almost every day since.

I can't believe so many years have gone by. They just carried Ev and me along so peacefully, like a canoe on a quiet river, that you didn't realize you were moving. We never went to Europe. We never even went to California. I guess we didn't need to, for home was big enough for us.

I wish we'd had children. But we couldn't. I was like Sarah in the Bible, only the Good Lord didn't work a miracle for me. Perhaps He thought that Everett was enough.

Well, Ev died two years ago last April. Quietly and smilingly, just as he had lived. The apple trees were in blossom and the earth again smelt sweet. I felt too numb to cry.

When my brother came in to help me straighten out Ev's affairs, I found he'd been thoughtful. I suppose men built like him always are. There wasn't a great deal in the bank, but there was an insurance policy that will take care of all my needs as long as I live.

I'm as content as a woman can be when a man she really loved has gone.

Moral: Insure in The Travelers. The Travelers Insurance Company, The Travelers Indemnity Company, The Travelers Fire Insurance Company, Hartford, Connecticut.

Q   그들로부터 무엇을 배웠나요?

A   단지 지켜보는 것만을 배운 것은 아니었습니다. 영 앤 루비캠(Y&R)에는 카피 관리 체제(a system of copy supervision)가 있어 왔습니다. 어떤 카피도 수퍼바이저에게 보여지지 않고는 제시되지 않죠. 우리는 당신이 당신의 자녀에 대해 가장 훌륭한 판단을 내릴 수는 없다고 믿고 있습니다.

Q   아마도 당신이 최종 결정자겠지요?

A   우리는 카피를 최종 결정자가 아닌 사람에게 가져가서 한번 보라고 합니다. 최종 결정자가 아니면서도 좋은 판단을 내리는 사람들이 많이 있거든요.

Q   당신에게 영향을 미친 사람들은 어떤 식으로 영향을 미쳤나요? 우리에게 직접 말해줄 수 있는 방식인가요? 아니면 스며들 듯이 영향을 받은 것인지요?

가장 마음에 드는 – 트래블러 보험회사의 이 헤드라인 없는 광고는 조지 그리빈 스스로가 자기가 쓴 것 중 최고라고 말한다.

"그것은 제 개인적인 경험에서 나온 것입니다. 제 집사람이 28살일 때 결혼은 생각도 못했다고 하더군요. 자기는 키만 껑충하고 볼품 없어서 누구도 청혼하리라고는 생각도 못했답니다. 이 광고는 그녀가 청혼을 받고, 결혼하고, 행복한 삶을 살고 그리고 그녀의 남편이 죽는 식으로 이야기가 전개되지요. 그런데 그녀의 남편은 그녀를 위한 보험에 들어 둘 만큼 충분히 사려깊은 사람이었다. 이런식의 이야기입니다."

A 레이몬드 루비캠을 특징적인 예로 제시할 수도 있겠지요. 그는 우리들 중 누구보다 뛰어나니까요. 모든 사람들이 그걸 인정하구요. 사실 우리들 중 누구도 레이몬드 루비캠보다 뛰어나다고 생각하는 사람은 없거든요.

Q 카피라이터로서 말입니까?

A 카피라이터로서도 광고인으로서도요. 만약 그와 같이

"저는 카피라이터가 특정한 대학을 가야 한다고 생각하지 않습니다. 이를테면 예일대학 같은 데 말이죠. 그리고 예일대학 출신이라고 해서 특별히 무언가가 있을 거라고 생각지도 않습니다. 저는 올해에 West Hampton이 카피라이터들이 가볼만한 데라 한다면 카피라이터들은 뉴저지에 있는 Rutherford도 가봐야 한다고 생각합니다. 제 생각으로 교육이란 건 스스로에게 무엇이 가치있는 것인지를 그리고 자기자신을 위해서 또 자신에게 의미있는 사람들을 위해서 무엇이 가치있는 것인지를 가르치는 것이라 생각합니다."

일을 하게 된다면 당신은 그가 아주 상상력이 풍부하고 재
능이 뛰어난 사람일 뿐만 아니라 아주 아주 빈틈없는 사람
이라는 걸 알게 될 겁니다.

어디서든 루비캠과 토론을 하고 나면 세 번 내지 네 번
아니 열다섯 번에서 스무 번까지 그가 충분하다고 할 때까
지 광고를 다시 만들려고 하게 될 걸요.

한 때 그와 같이 시리즈 광고를 만들었던 일이 생각나는
군요. 그 광고는 처음엔 신문에서 그 다음엔 잡지에서 마지
막엔 라디오에서 우수광고로 뽑혔습니다(당시에는 TV광고가
없어서). 저는 신문광고의 카피를 썼지요.

Q   그건 기업 광고였나요?

A   Y&R의 기업광고였습니다. 저는 첫 번째 광고를 썼습니
다. 신문 판촉 광고였습니다. 그걸 루비캠에게 가지고 갔지
요. 그러면 그는 언제나 훌륭한 수퍼바이저로서의 역할을
했지요. 그는 아무런 말 없이 그 광고를 끝까지 읽었습니다.
그는 중간 정도만 읽는 일은 없었습니다. 끝까지 다 읽고 난
다음에는 그 광고에 대해서 말하기 시작했습니다.

"조지, 나쁘지 않군. 하지만 나쁠 수도 있는 것에 대해서
얘기를 한번 해보지 않겠나? 여기 Y&R에 의해 게재될 광고
가 있네. 그 광고는 뉴욕 신문에 전단으로 실릴 거지. 그 광
고는 사람들에게 그들의 날마다의 생활에서 신문이 얼마나

큰 의미를 지니는지를 얘기할 걸세. 그러나 우리가 생각하는 사람들은 그냥 신문을 읽는 사람들이 아니야. 우리는 이 광고를 읽는 기자의 반응을 생각해야 돼. 쭉 한번 훑어보고 기자의 관점에서 다시 한번 보도록 하세.”

그러고 나면 우리는 발행자의 관점에서 훑어보고 또 경쟁 미디어에서 일하는 사람의 입장에서 훑어보았습니다. 라디오에 종사하는 사람들이나 잡지에 종사하는 사람들은 어떻게 생각할까? 이 광고에 대해서 어떤 반응을 보일까? 신문의 주주들은 이 광고에 대해 어떻게 생각할까? 이 광고를 읽는 광고인들은 어떻게 생각할까?

이 모든 것들을 다 살핀 후에야 그는 사인을 했습니다. 우리는 쭉 훑어보고 이 광고에 대해 특별한 반응을 가질 수 있는 모든 사람들을 생각해 보고 이 광고가 그들에게 적합한지를 생각해 보았습니다. 여기서 꼭 지적해야 할, 적합하지 않은 것들도 있습니다. 물론 주의를 기울이지 않았거나 엉성하게 써서 그런 것은 아닙니다.

사람들은 타자수나 신문을 트럭으로 옮기는 사람, 기자나 편집기자, 경쟁자의 반응으로부터 이것들을 쭉 훑어봅니다. 이런 식으로 광고를 만들게 되면 빈틈없고 더 좋은 광고를 만들 수 있게 될 겁니다.

이것이 루비캠의 특징입니다. 그리고 여기서 일하는 우리 모두, 제 보스들인 휘티어, 워드, 패트릭도 모두 이와 같은 과정을 겪었습니다. 그래서 '철저히 생각하라. 그리고 가능하다면 폭넓게 그러면서도 깊게 생각하라.' 이것이 우리들에게 광고를 만들기 위한 제2의 천성같이 되었습니다.

Y&R에서는 허튼소리하는 헤드라인은 쓰지 않습니다. 10개, 15개, 40개의 헤드라인을 써서 최고라고 생각되는 두세 개로부터 가장 좋은 헤드라인 하나를 고르려고 노력합니다. 그러나 수퍼바이저에게 들고 가면 이렇게 얘기하지요. "글쎄, 아주 훌륭한 헤드라인이라고 생각하지는 않네, 그리빈. 다른 식으로 써 본 것은 없나?"라고 말입니다.

Q 그렇다면 당신이 말한 '철저함(thoroghness)'이 뛰어난 카피라이터의 특징이군요. 당시 카피라이터로서 또 에이전시의 중역으로서 크리에이티브가 뛰어난 사람들의 다른 특징을 말해주실 수는 없나요?

A 좋은 카피라이터의 첫 번째 특징은 진부한 표현을 피한다는 것입니다. 쓸 때뿐만이 아니라 말할 때에도 진부한 표현을 피합니다. 좋은 카피라이터는 대화에서도 진부한 표현을 쓰지 않으려고 조심합니다.

만약 그의 입으로부터 툭 튀어나온 표현이 있다 하더라도 그것들을 표현하는 데에 어떤 참신함이 있게 마련입니다. 그렇지 않다면 그런 표현을 쓰지 않겠지요. 훌륭한 광고인(카피라이터가 아니라 광고를 만드는 일에 연관된 모든 사람들)의

또 다른 특징은 세상을 폭넓게 보는 것입니다.

Q 그리빈씨, 당신은 주로 어떤 책을 읽나요? 실제로 카피를 쓸 때 말이죠.

A 현재 유행하는 대중소설보다는 기본적으로 고전을 읽습니다. 물론 어느 시대에나 신문의 신간 서적란에 소개될 만큼 아주 좋은 책들이 있지만 말이지요. 하지만 잘 알려지지 않은 오래된 고전들에서 좋은 친구들을 만날 수 있을 겁니다.

그래서 그 책들이 다르다는 것을 안다면 일상적으로 우리가 읽어왔던 것과는 다른 것을 읽게 될 것입니다. 저는 항상 식물학과 생물학에 관심을 가져왔습니다. 나는 그 분야의 책들을 읽기를 좋아합니다. 최근 우리 나라에서 나온 가장 좋은 책은 Donald Culross Reattie의―이 책의 제목이 정확한지는 모르겠지만―『북미 동남부의 나무들』입니다. 그의 책 중에는 서부지역의 나무에 관한 것도 있습니다. 좋은 카피라이터는 일반적으로 흥미있는 분야뿐만 아니라 원예 분야의 책도 읽을 것입니다.

Q 당신은 카피라이터는 비즈니스와 관련이 없는 것도 읽어야 한다는 건가요?

A 물론이지요. 카피라이터는 비즈니스에 관련된 것만 읽

기보다는 주간지나 월간지도 읽어야 합니다.

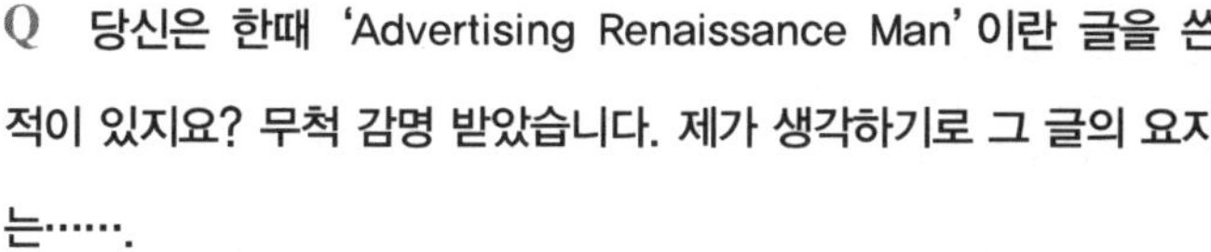

Q 당신은 한때 'Advertising Renaissance Man' 이란 글을 쓴 적이 있지요? 무척 감명 받았습니다. 제가 생각하기로 그 글의 요지 는…….

A 네, 그 글의 요지 중의 하나는 책을 많이 읽는 사람들은 그들만의 책읽는 방법이 자연스럽게 생기게 된다는 얘기였 습니다.

Q 하지만 카피라이터의 관점에서 본다면 광고의 아이디어는 비즈 니스 세계의 안팎으로부터 나올 수 있는 것이지요?

A 물론이지요. 뿐만 아니라 우리 생활 자체에서 많은 광고 아이디어들이 나옵니다.

Q 당신이 카피라이터로 활동할 때 당신이 쓴 것 중 가장 좋은 광고 로서 지금까지 인상적인 것은 무엇인가요? 애로우 셔츠 광고에 관련 된 것으로 알고 있는데 그 광고가 당신이 가장 좋아하는 광고인가요?

A 제가 쓴 광고 중에 가장 좋은 것은 Travelers사를 위한 것이었다고 생각합니다. 처음에 그것은 '미망인'이라는 헤드 라인으로 Travelers사의 사장에게 제시되었죠.

그런데 그 사장은 '미망인'이라는 헤드라인이 너무 무겁다 고 느꼈습니다. 그러나 일러스트와 카피는 좋아했지요. 그래서 그는 카피의 첫 문장을 굵은 활자, 즉 볼드하게 처리하도록 했습니다. 그러고 보니까 '미망인'이라는 헤드라인보다 훨씬 낫더군요.

그 헤드라인은 "내가 28살 때, 결혼하리라곤 생각도 못했다"였습니다(나중에는 볼드체마저 없애서 헤드라인 없는 광고가 되었습니다). 그 광고는 60대의 한 여자가 달빛을 바라보며 베란다에 서 있는 모습을 보여주는 것이었죠. 저는 그 광고가 제가 쓴 광고 중에 가장 좋은 것이라고 생각합니다.

Q   당신이 28살일 때 결혼하리라고는 생각하지 못했나 보죠?

A   아뇨, 아뇨. 제 와이프가 28살일 때 결혼은 생각도 못했다고 하더군요. 키만 껑충하고 볼품없어서 누구도 청혼하리라고는 생각도 못했다더군요.

이 광고는 그녀가 청혼받고, 결혼하고, 행복한 삶을 살고 그리고 그녀의 남편이 죽는 식으로 이야기가 전개되지요. 그런데 그녀의 남편은 그녀를 위해 보험에 들어둘 만큼 충분히 사려깊은 사람이었다, 이런 식의 이야기입니다.

Q   이 광고를 언제 쓰셨나요?

A   그게 아마 25년 전쯤의 일일 겁니다.

Q   카피를 쓸 때 꼭 따라야만 하는 확실한 원칙들이 있습니다. 인생에서도 그렇지만요. 당신 자신이 세운 기본적인 룰에 따라서 카피를 쓰는 것, 광고주가 세운 기본적인 룰에 따라서 카피를 쓰는 것, 아무조건도 없이 카피를 쓰는 것 중에 어느 것이 더 쉬운가요?

A   글쎄요. 제품이나 문제가 어떤 기본적인 룰을 정해주지 않을까요. 독자에게—TV커머셜이라면 시청자가 되고, 라디오 CM이라면 청취자가 되겠죠—제공해야만 하는 것, 즉 당신이 광고하고자 하는 제품이나 서비스의 편익에 의해 기본적인 룰을 정하는 거죠.

Q   당신은 광고주가 세운 기본적인 룰에 따라 쓸 때 카피를 더 잘 쓸 수 있다고 생각하시는군요.

A   글쎄요. 네, 그런 것 같군요. 광고주가 콩놔라 팥놔라 하지만 않는다면요.(웃음)

Q   아까 당신에게 영향을 미친 사람들에 대해 얘기를 했지요. 그런데 제가 알기로 Leo Burnett은 그의 책상 위에 작은 상자를 가지고 있다고 하디군요. 그래서 그가 좋아하거나 새로워 보이는 구어나 연설이 있으면 그걸 적어서 그 상자 안에 넣는다는군요.

당신에게도 이런 상자가 있을 것 같은 데… 두 가지만 물어보겠습니다. 첫째, 광고 카피를 쓰는 데 있어서 "담배라면 윈스턴만큼은 맛있어야지요(Winston tasts good like a cigaret should)"와 같은 구어를

사용하는 데 대해서 어떻게 생각하는지? 둘째, 당신은 어디에 그 상자를 두고 있는지요?

A 글쎄요. 저는 상자는 없는데요. 좀 더 일찍 알았더라면 좋았을텐데요. Leo의 아이디어는 참 좋네요.

Q 당신은 아이디어를 어떻게 정리하여 보관하십니까?

A 저는 아이디어를 따로 정리하여 보관하지는 않습니다. 제가 카피라이터로서 활동할 때나 수퍼바이저 역할을 할 때의 얘기를 해 볼까요. 저는 제품에 대한 아이디어가 떠 오르면 그걸 적어 놓습니다.

상자 같은 건 없어요. 대신에 노란 패드를 이용했습니다. 그거면 참신한 아이디어를 내놓기에 충분했죠. 그러니까 특정 상품을 위해서 사용되지 않는 아이디어로 꽉 찬 다락방 같은 건 가질 필요가 없는 겁니다. 아이디어들은 얻기 힘드니까 빨리빨리 써먹어야죠.

구어의 사용 문제요? 영어는 훌륭하고 재치있고 소박하면서도 다채롭죠. 구어가 그렇게 만드는 것이지요. 그저 단순히 일상어를 쓰는 것은 광고 카피에 있어서나 어떤 종류의 글에서도 보기 힘듭니다. 그냥 쓰는 게 아니에요. 당신을 둘러싸고 있는 삶의 모습을 신선하게 보여 주기 위해 쓰는 것이지요.

"신간서적란에 소개될 만큼 아주 좋은 책들이 있습니다. 하지만 잘 알려지지 않은 오래된 고전들에서도 좋은 친구들을 만날 수 있을 겁니다. 그래서 책들이 다르다는 것을 알게 되면 일상적으로 읽어왔던 것과는 다른 것을 읽게 해줄 겁니다. 저는 항상 식물학과 생물학에 관심을 가져 왔습니다."

Q 방금 전의 질문을 좀 정리해 보죠. 많은 사람들이 어떤 말이나 구가 자주 쓰이고 있는데도 적절하거나 정확하지 않다고 합니다. 광고 카피를 쓰는 데 있어서 '오용' 이라고 하면 어떤 의미입니까?

A "담배라면 윈스턴만큼은 맛있어야지요(Winston tastes good)" 광고로 돌아가 보자는 건가요?

Q 네. 하지만 그 광고를 오용을 범한 대표적인 예로 들자는 것은 아닙니다. 그냥 단순한 예이지요.

A 그러지요. 그럼 그 구를 한번 볼까요. 'like'가 'as'대신에 쓰였습니다. 그 글을 쓴 사람에게는 그게 맞는겁니다. 그는 그 구가 'as'대신에 'like'를 씀으로써 말맛이 생겨나는 구가 된다는 것을 알고 있습니다. 문법적으로는 'as'가 맞습니다.

그리고 저도 대화할 때 그것을 더 즐겨 씁니다.

하지만 많은 사람들이 말할 때 잘못 쓰고 있지요. 그래서 'like'가 그들의 귀에는 더 익숙한 거죠. 그래서 그걸 쓴 겁니다. 당신도 틀릴 때가 있을 거고 'He doesn't' 대신에 'He don't'라고 말하면 훨씬 강조가 될 때가 있을 겁니다.

J.L Hudson 시대의 초기에는 Albert Conkey라는 카피 에디터가 있었습니다. 그런데 그는 그 전에 미시건대학교의 영어 교수였어요. 전화를 할 때 그는 "당신이에요, 알(Is that you Al)?"이라는 물음에 "응, 나야(It's me)."라고 대답했습니다. 그는 'It's I'라고 대답하는 건 딱딱하다고 느꼈죠. 그리고 광고에서도 'It's I'라고 쓰는 건 딱딱할 겁니다. 그리고

저는 그 광고를 가지고 루비캠에게 갔습니다. 그러면 그는 훌륭한 수퍼바이저로서의 역할을 했습니다.
그는 중간정도만 읽는 일은 없었습니다. 끝까지 다 읽고 난 다음에 그 광고에 대해 말하기 시작했죠. "조지, 나쁘진 않군. 하지만 나쁠 수도 있는 것에 대해서 얘기를 한번 해보지 않겠나?"라고 말이에요.

많은 경우에 그것을 쓰면 잘못된 것이 될 겁니다. 문법적으로는 맞을지 모르지만요.

때때로 저는 Y&R의 광고를 보고 문법적으로 잘못된 부분을 지적하는 편지를 받습니다. 저는 그렇게 학자연하는 태도에 대해 걱정할 필요가 없다고 느낍니다.

Q 그리빈씨, '크리에이티브' 라는 말의 사용에 대해서는 어떤가요? 광고 비즈니스에 있어서 그 말을 적용하는 것에 관해 당신만의 정의가 있나요?

A 저는 크리에이티브라는 말에서 벗어나고 싶습니다. '크리에이티브'한 사람이란 말 대신 아트를 잘하는 사람, 카피를 잘 쓰는 사람, TV커머셜을 잘 만드는 사람이란 말을 쓰면 어떨까요?

저는 크리에이티브란 말이 광고대행사의 모든 부분에서 쓰일 수 있다고 강연을 통해 수차례 얘기해 왔습니다. 당신은 카피나 아트와 마찬가지로 미디어에 있어서, 또 섭외에 있어서 크리에이티브한 사람이 될 수도 있습니다.

Q 다른 제품들에 비해서 카피 쓰기가 더 쉬운 제품이 있다고 생각하시나요?

A 물론이지요. 예를 들면 생활용품이 특허 약품보다는 더 쓰기 쉽지요. 주요한 생활용품의 구매시점에 있어서 고객은

어떻게 150달러나 200달러를 투자할 것인가에 대해 관심있어 합니다. 그리고 그 제품에 대한 모든 것을 배우려고 하죠.

누구도 두통의 치료에 대해서는 배우려고는 하지 않죠. 이런 종류의 제품을 팔려고 할 때 사람들은 더 많은 상상력을 동원해야만 합니다.

Q   당신이 카피를 즐겨쓰는 제품은 어떤 것인가요? 좋아하는 카테고리가 있나요?

A   네, 저는 보험광고 쓰기를 좋아합니다. 그러나 크게 보면 모든 종류의 제품에 대해 쓰기를 즐겨 왔다고 생각합니다. 왜냐하면 많은 제품을 다뤄보면 볼수록 그 만큼 재능이 개발되기 때문이죠.

큰 광고 대행사에서 광고를 하는 커다란 즐거움 중의 하나는 자신의 온 힘을 다 쏟을 수 있는 많은 제품과 문제를 가지고 있다는 겁니다. 이 제품과 저 제품을 다 다뤄볼 수 있는 행복한 환경인 것입니다.

Q   특정한 제품의 카테고리나 그 밖의 제품의 카테고리에서 경험이 풍부한 카피라이터를 필요로 하는 광고들을 많이 봐 오셨지요? 이런 종류의 전문화에 대해서는 어떻게 생각하십니까?

A   글쎄요. 저는 TV커머셜을 쓰는 사람이 별로 없을 때에 TV커머셜국의 책임자였습니다. TV커머셜은 지금도 여전히

새로운 것이지만요. 그러니 저는 필요로 하는 특정한 미디어에 대한 경험을 기본으로 가지고 있다거나 하는 사람은 아닙니다. 저는 자동차에 대한 광고를 한 번도 써본 적 없는 사람도 자동차 카피를 잘 쓸 수 있다고 생각합니다.

Q 카피라이터가 자신이 쓰고 있는 제품에 대해 잘 알고 있다면요?

A 그는 그 제품에 대해서 남들이 모르는 것도 찾아낼 수 있겠죠 뭐. 다른 제품에 대해서 그래야했던 것처럼요. 그렇지만 저는 일종의 회화적 상상력을 가지고 있는 사람이 있다고 생각합니다. 그리고 TV 커머셜 카피라이터로서 더 잘하는 사람이 있다고 생각합니다. 움직이는 사람을 재빨리 비주얼화할 수 없는 사람들에 비하면 말입니다.

결국 훌륭한 드라마를 쓸 수 있는 아서 밀러와 같은 사람도 있고 아주 훌륭한 연극대본을 쓸 수는 없지만 놀랄 만한 작품을 만들어 내는 토마스 울프(Thomas Wolfe)와 같은 소설가도 있습니다. 그런 능력이 있는 거지요. 그래서 저는 그런 능력이 있는지 없는지 시도해 보지도 않은 사람에게 그런 능력이 없을 거라고 가정해서는 안 된다고 생각하는 것이지요.

Q 그리빈씨, 만약 당신에게 카피라이터가 되겠다는 아들이 있다면 무슨 얘기를 해줄 건가요?

A   우리 아들이 그런 능력이 있다고 가정하자는 건가요? 아마 이렇게 얘기하지 않을까요. 요즘 세상에 광고 카피를 쓰는 것만큼 행복한 시간을 많이 가질 수 있는 직업은 별로 없다구요.

Q   제가 처음에 드렸던 질문으로 돌아가 볼까요. 그리빈씨? 저는 당신께 '좋은 카피를 쓰는 사람들이 어떤 특징을 가지고 있는가요?'라고 물어봤습니다. 당신은 그 사람들은 진부한 표현을 피한다고 하셨는데…….

A   그리고 그들은 아주 폭 넓게 읽죠. 삶의 폭도 넓을 거라고 생각합니다. 많은 일을 할 거라 생각하구요. 집에 있기보다는 여행을 떠나기를 즐길 거라 생각합니다. 모임에 따르기보다는 어기는 성향이 강한 사람들이지요. 어떤 모임에 그들을 참석시키려면 그들 스스로가 그 모임에 그들에게 유익한 무언가가 있는지 없는지 결정한 다음에 참석하도록 해야 합니다.

저는 카피라이터가 특정한 대학을 가야 한다고 생각하지 않습니다. 이를테면 예일대학 같은 데 말이죠. 그리고 예일대학 출신이라고 해서 특별한 무언가가 있을 거라고 생각지도 않습니다.

또 올해의 쓰리 버튼이나 notched-lapel 자켓을 입는 것이 더 좋다고 생각지 않습니다. 물론 그들도 나한테 쓰리 버튼이

"Y&R(영&루비캠)에서는 허튼 소리하는 헤드라인은 쓰지 않습니다. 10개, 15개, 40개의 헤드라인을 써서 최고라고 생각되는 두세 개의 헤드라인을 고릅니다. 그리고 이 두세 개로부터 가장 좋은 헤드라인 하나를 고르려고 노력합니다.

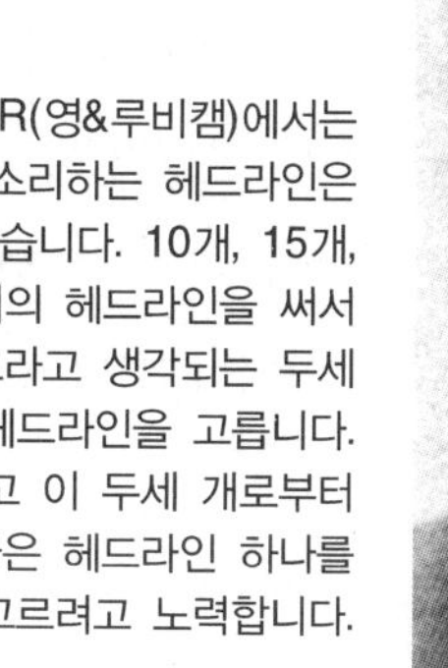

나 notched-lapel 자켓을 입으라고 말하지 않을 거라 생각합니다. 저는 올해에 West Hampton이 카피라이터가 가볼 만한 데라 한다면 카피라이터들은 뉴저지에 있는 Rutherford도 가봐야 한다고 생각합니다.

제 생각으로는 교육이란 건 스스로에게 무엇이 가치있는 것인지를 그리고 자기 자신을 위해서 또 자신에게 의미있는 사람들을 위해서 무엇이 가치있는 것인지를 가르치는 것이라 생각합니다.

흔한 말이지만, 카피라이터는 상투적인 표현은 피해야 한다고 생각합니다. 또한 매사에 긍정적인 사람보다는 꼬치꼬치 따지는 사람이어야 합니다.

저는 좋은 카피라이터는 건방지게 굴어서는 안 된다고 생각합니다. 건방지게 구는 사람은 사람들과 어울리기 보다는 스스로 왕따가 됩니다. 그런데 그렇게 하는 것은 카피라이터에게는 치명적인 것이죠. 제 생각에 카피라이터는 냉소적이기보다는 즐겁게 일하고 낙관적이어야 한다고 생각합니다.

카피라이터에게 인간의 삶을 외면하는 것은 나쁩니다. 냉소적이라는 건 바로 인간의 삶을 외면하는 것이지요. 저는 '인간의 삶에 동참하라, 동참하라, 동참하라!'라고 말하고 싶습니다.

광 고 글 쓰 기 의 아 트
데 이 비 드 오 길 비 와 의 대 화

데이비드 오길비 David Ogilvy (1911~1999)

1911년_ 잉글랜드의 웨스트 호슬리(West Horsley)에서 탄생, 1930년대_ 옥스퍼드 대학교 중퇴 후 호텔주방 요리사, 외판원, 광고회사 영업간부 등으로 활동, 1938년_ 미국으로 귀화하여 농사를 지음, 1948년_ 뉴욕에서 광고대행사 Ogilvy & Mather의 전신인 휴잇오길비벤슨 앤드 매더사 창업, '브랜드 이미지' 컨셉 주창.

주요 광고캠페인 Hathaway Shirt, Rolls-Royce, Puerto Rico, Schweppes 등

주요 저서 『어느 광고인의 고백』(Confessions of an Advertising Man), 『오길비의 광고』(Ogilvy on Advertising)

"많은 사람들처럼, 나도 그 중의 하나인데 술을 조금 마셨을 때 훨씬 더 잘 쓸 수 있지요. 브랜디 두세 잔을 마시면 글이 더 잘 되는 걸 알았어요."

데이비드 오길비

David Ogilvy

데이비드 오길비는 뉴욕 84번가에 있는 오랜 석조건물의 문을 열어주었다. 그리고 몸이 아픈 듯, 천천히 응접실로 안내했다. 그 방은 영국식으로 장식되어 있었다. 두 벽면이 책으로 가득차 있었고 유화와 벽난로가 운치를 더하고 있었다.

오길비는 몸이 좀 아파서 며칠 동안 집에 있다고 말했다. "일도 일이지만 세 가지 병치레가 겹쳐서요."라고 사과한 뒤 "이쪽으로 앉겠습니까?"라고 말했다. 그는 높다란 프랑스풍의 창이 있는 광고대행사 사장실 책상으로 방문객을 안내했다. 바깥에는 황량한 도시정경이 약간 보였다.

책상 위에는 펜과 종이, 재떨이, 그밖에 여러 가지가 어지럽게 놓여 있었다. 귀화한 스코틀랜드인으로 베스트셀러 작가이기도 한 그의 저서 『광고인의 고백』이 책상 위 서류더미에 반쯤 파묻혀 있었다. 마치

뜨거운 욕탕에 몸을 담그듯 오길비는 깊숙이 의자에 앉았고 그렇게 인터뷰는 시작됐다.

Q 많은 사람들이 아이디어를 창조하는 공식에 대해 얘기하는데 그러한 공식이 과연 있습니까?

A 자기 나름대로의 아이디어를 가지고 있고 아이디어를 얻는 방법을 가지고 있다고 생각합니다.

Q 광고 카피를 쓰는 것이 다른 사실적인 글쓰기보다 어렵다고 생각하십니까?

A 카피를 쓰는 데 있어 어려운 것 중 하나는 아주 짧다는 겁니다. 인쇄광고는 짧고 TV광고도 짧지요. TV CF에서 100단어 이상은 쓸 수가 없어요. 많은 광고카피를 썼다면 아주 짧고 타이트하게 쓰도록 훈련되어 있고, 긴 글을 쓰고자 한다면 어려움을 느낄지도 모르지요.

Q 시도해 본 적은 있나요?

A 몇 년 전에 책을 하나 썼어요. 내가 과연 쓸 능력이 있는지 알아보고 싶어서죠. 800단어를 사용하니까 책은 끝이 났어요. 그러고 나서 길게 쓰는 것을 배웠지요. 물론 긴 글을 쓰는 훌륭한 작가들도 인쇄광고카피를 쓰려고 시도했다가 실패했어요. Marquend도 Stephen Vincent Benet도 광고에

도전했었죠. 헤밍웨이도 버나드 쇼도 그랬지만 모두 실패했어요.

물론 처음부터 광고를 쓰려고 했던 유능한 작가는 별로 없습니다. 좋은 광고카피를 쓰는 것은 정말 매우 어려운 일이죠. 그러나 어떤 것을 잘 쓴다는 것은 매우 어려워요. 그래서 헉슬리(Aldous Huxley)는 광고보다 소네트(sonnet)를 쓰는 것이 더 쉽다고 말했지만 나는 인생을 아끼기 위해 소네트를 쓸 수는 없었어요.

Q 일반적으로 광고인 또는 기획위원회가 확립해 놓은 기본적인 룰 아래 광고를 쓰는 게 오히려 낫다고 생각하세요? 아니면 백지상태에서 시작하는 것이 나은가요?

A 기본적인 틀 없이는 아무것도 쓸 수 없었죠. 그러나 나만의 기본룰을 만드는 것을 더 좋아해요. 지식이 점점 쌓여감에 따라 더 많은 기본룰을 얻게 되죠. 그리고 요즘에는 25년 전보다 카피 쓰는 법에 대해 더 많이 알고 있지요.

주제에 대해 끊임없이 공부하고 있기 때문이고 어떤 매체에 대해 효과적인 광고를 만드는 것에 대해 더 많은 리서치가 행해졌기 때문이죠. 정말 많은 훈련을 거치지 않고는 카피를 쓸 수 있는 방법을 알기 힘들죠. 점점 더 훈련을 늘려가야 합니다.

Q 이런 훈련은 스스로 하는 건가요? 아니면 타인으로부터 주어지는 건가요?

A 둘다에요. 저는 39살에 들어서 처음으로 광고카피를 쓰게 됐어요. 어쩌면 그게 오히려 행복한 출발이었던 것 같아요. 카피라이터가 되기 전에는 조사업무에 종사하고 있었어요. 프린스턴에서 갤럽(Gallup) 박사와 일하고 있었고 많은 양의 조사를 했어요. 그래서 광고를 조사자의 입장에서 접근했지요.

우리 대행사의 초창기에 나는 리서치 디렉터였어요. 그리고 금요일에는 나 자신과 카피라이터들을 위한 리서치 메모를 쓰곤 했습니다. 월요일 아침에는 사무실에 와서 메모를 읽고 조사와 관련된 광고를 썼어요. 나 자신과 치열히 싸운 거죠.

그렇지만 이처럼 조사와 기본적인 법칙·방향만 가지고 있다고 해서 광고가 잘 만들어지는 건 아닙니다. 사물에 더욱 가까이 다가가서 무엇을 써야만 진실한 순간이 되는 거죠. 그러나 우린 될 수 있으면 자꾸 뒤로 미루고 있어요.

Q 왜 그렇게 말하죠?

A 해마다 그렇게 할 수 있을 거라 생각하지 않기 때문에 광고를 쓰는 것이 점점 더 어려워지는 느낌이에요. 때때로 꽤 괜찮은 광고를 쓰지만 분명히 나 자신에 대해 전혀 자신

감을 가지고 있지 못하고 있어요. 그리고 내가 실패할 것이며 아이디어를 얻지 못할 거라고 느낀다는 것이죠. 이것은 아주 심각한 장벽이에요. 잘 알려진 광고를 썼기 때문에 일은 더 힘들어져요. 그리고 좋은 카피라이터라는 말을 듣는 것을 좋아하기 때문에 더 그래요.

그러나 더 문제가 되는 것은 내가 아주 훌륭한 카피라이터였다고 생각하곤 했기 때문에―아주 훌륭하지만 오늘날에는 그만큼 잘할 거라고 생각하지 않기 때문에―내 기록에 도달할 수 있을 거라고 생각하지 않기 때문에 그래요.

시간… "때로 새벽 5시나 6시쯤 일어나 아침을 먹을 때까지 일하면서 좋은 광고카피를 많이 쓸 수 있었어요."

Q   당신 자신을 '죽어버린 휴화산'이라고 묘사한 적이 있는데요?

A   그래요.

Q   스스로를 왜 그렇게 생각하시죠? 왜 감각을 잃어버리고 있다고
생각해요?

A   무엇보다도 완전히 죽어버렸다는 건 아니지만 예전만큼
자주 분출하지는 않아요. 정말 좋은 아이디어를 많이 냈던
지난 7년, 그 때로 돌아가고 싶어요. 인쇄광고 몇 편은 광고
역사상 중요한 작품이 되었어요.
    그 당시엔 꽤 활발한 작가였지만 지금은 그렇지 못한 것
같아요. 경영에 깊이 관여되어 있기 때문에 좋은 아이디어
를 낼 시간이 없었다고 생각하면서 위로를 해요. 하지만 다
핑계죠. 스스로 그렇게 하지 않을 뿐이죠. 가끔씩은 뭔가 하
기도 하지만…….

Q   그럴 시간이 있나요?

A   많은 아이디어를 내고 많은 카피를 쓸 수 있는 시간은 정말
많아요. 그렇지만 그렇게 하지 않아요. 많은 이유가 있는데,
하나는 39살에 카피를 쓰기 시작해서 광고에 대해 지금 알고
있는 것만큼 거의 알지 못했고 훈련도 별로 못 받아서예요.
    또한 리서치가 진행되는 관습에 대해서도 잘 몰랐어요.
그래서 독창적인 일을 많이 했어요. 독창적이지 않은 것에

대해선 잘 몰랐죠. 그렇지만 중요한 것은 나를 포함한 많은 카피라이터들이 40대보다는 30대에, 50대보다는 40대에 더 좋은 것을 많이 만들어 냈다는 거지요. 50살 이후에도 풍부한 창작을 하는 카피라이터는 아주 드물죠. 그리고 나는 지금 53살이에요.

(오길비는 여기에서 잠시 말을 멈추었다. 그러고는 아파치 인디언들이 목에 잘 두르는 빨간 손수건에 코를 문질렀다. 고답적인 회색 양복에 잘 어울리는 빨간 멜빵을 걸치고 있었다.)

유념할 게 몇 가지 있어요. 광고를 만들거나 아이디어를 구상할 때는 스스로 긴장을 늦춰주세요. 그 과정에서 공허감을 느끼거나 재주가 없다고 느껴진다면 자신을 더 쉬게 하세요. 그러면 더 잘 될 거에요. 나도 그들 중 하나인데 많은 사람들이 술을 조금 마셨을 때 더 창의적이죠. 두세 잔 정도 마셨을 때 더 잘 쓸 수 있어요. 음악을 듣거나 릴렉스하고 있을 때 더 잘 돼요. 또 15분 정도 옥스퍼드사전의 관용구를 읽을 때 생각의 훈련이 되기 시작해요.

Q 어떤 작가들은 글을 쓰기 전에 행하는 버릇 같은 게 거의 없어요. 예를 들면 기관사 모자를 써 보거나 창밖을 내다보다가 글을 쓰기 시작한다거나……. 당신은 음악과 한두 잔의 브랜디의 도움으로 크리에이티브가 분출되기 시작한다고 했는데, 그런 방법들을 자주 사용하나요?

A 그렇진 않아요. 어쨌든 사무실에서는 아무것도 쓸 수 없어요. 내가 할 수 있는 것은 전화 응대를 하고 미팅을 하고 다른 사람들이 일하는 것을 보살펴 주는 것뿐이죠. 내가 무언가를 쓰려고 한다면 집에서 해야 하죠. 밤이 아니면 주말에, 또는 이른 아침에 말입니다.

그래서 때때로 5, 6시에 일어나서 글을 쓰기 시작해 아침을 먹을 때까지 일을 다 끝내요. 대행사의 사장이지 카피라이터로서 일하기 위해 고용된 것은 아니기 때문이죠. 우리는 50명의 카피라이터가 있고 아주 조심스럽게 대해야 해요.

그리고 다른 사람들이 쓴 것 중에서 좋은 카피를 얻는 것이 내 주요한 일 중 하나예요. 내가 자주 캠페인을 쓰거나 개입하게 되면 대행사의 카피라이터와 경쟁하게 되죠. 이것은 그 카피라이터에게도 그리 효과적인 것은 못 되죠.
(이 대목에서 그는 이견을 제시했다. 수상한 카피라이터와 그들의 명성에 관한 얘기였다.)

물론 '명예의 전당'같은 상을 받는다면 카피라이터로서 유명해졌다는 얘기가 되지요. 하지만 그것은 일반적으로 카피

26개 중에서 하나 — "롤스로이스 광고를 쓸 때 26개의 다른 헤드라인을 썼고 다른 카피라이터들에게 그 중에서 가장 좋은 것을 고르게 했어요."

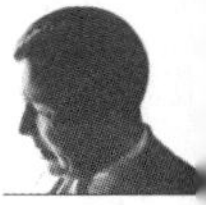

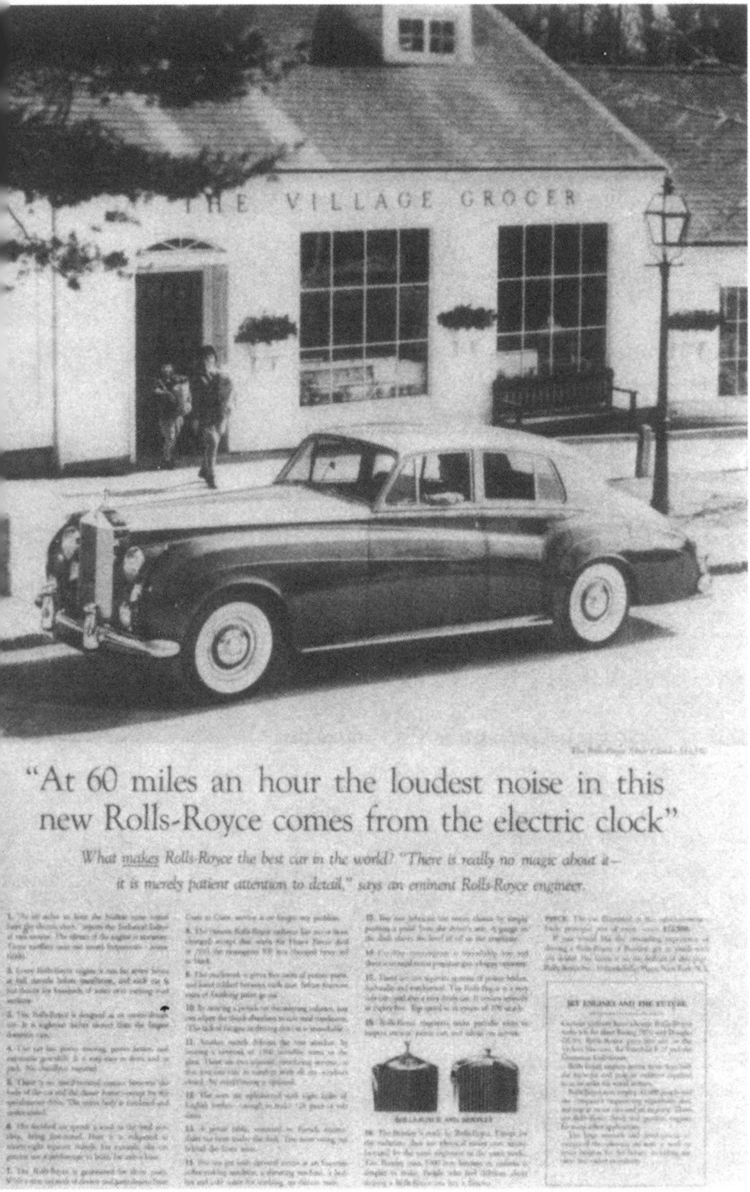

"At 60 miles an hour the loudest noise in this new Rolls-Royce comes from the electric clock"

*What makes Rolls-Royce the best car in the world? "There is really no magic about it —
it is merely patient attention to detail," says an eminent Rolls-Royce engineer.*

파트를 떠나서 경영파트로 간 것을 의미합니다. 아니면 카피 이외의 다른 이유 때문에 광고비즈니스에서 유명해졌다는 것을 의미하는 것이죠. 이런 상을 받은 사람들 대부분이 그들이 더이상 카피라이터가 아니라고 말하는 것을 들을 겁니다.

나는 아직도 카피라이터로 불리는 걸 더 좋아해요. 'WHO'S WHO' 같은 그런 책에 사장으로서의 데이비드 오길비가 아니라 카피라이터로서의 오길비로 리스트업되어 있지요. 나는 카피라이터인 것을 좋아하며 유행이 지나간 후에도 나는 여전히 카피라이터이기를 희망해요.

내게 일어났던 또 다른 일이 의심할 것 없이 내 위치에 있는 다른 사람들에게도 일어났어요. 관여되지 않은 프로젝트라 해도 우리 대행사에서 만들어지는 광고에 대해서는 신뢰도를 항상 높이기 위해 노력하지요. 어떤 사람이 "정말 놀라운 광고네요. 누가 했지요?" 그러면 누군가가 대답해요. "오길비", "레오버넷" 또는 "번벅"……. 글쎄 그들이 의미하는 것은 무엇이죠? 그들은 무엇을 알고 있죠?

10 중에 9쯤 개인적으로 내가 그것을 하지 않았고 레오나 번벅도 마찬가지일 거에요. 그건 우리 대행사에 있는 누군가가 한 일이죠. 그리고 이것은 내가 아주 두려워하는 일 중의 하나예요. 그런데 시간이 갈수록 그렇게 되었고, 내가 바라던 일은 아니었지요.

대행사의 사장이 되면 아마 글을 전혀 쓰지 않는 게 나을 지도 몰라요. 레이몬드 루비캠은 정말 훌륭한 카피라이터였는데 우리 대행사의 초창기 시절에 내가 살아있는 한 다른 광고를 결코 쓰지 못할 거라고 말하기도 했어요. 그것은 다른 사람들도 마찬가지고 그가 정말 옳을 수도 있죠.

한 달 전엔 정말 괜찮은 광고를 썼고 그 순간엔 정말 힘들었어요. 많은 트러블이 있었고 그것을 쓰느라 새벽까지 꼬박 앉아 있었거든요. 그리고 몹시 위가 아팠어요. 지금 클라이언트에게 그것이 프리젠테이션되었고 광고주가 받아들이지 않아 만들어지지 못할 겁니다.

대부분의 카피라이터들이 매일같이 경험하고 있는 일이죠. 하지만 내게는 굉장히 귀한 경험이에요. 왜냐하면 나는 지금까지 매번 내가 좋아하는 식으로 광고를 써왔기 때문이죠. 이번 경우를 통하여 정말 내가 계속 카피를 써야 하는지에 대해 의문을 가지게 됐어요.

Q 너무 좋아서, 아니면 너무 나빠서 일이 잘 안 풀렸다고 생각하나요?

A 광고주가 그의 회사에 적당하지 않다고 생각하기 때문이죠. 내가 판단할 수는 없어요. 누구도 자신이 한 일을 판단할 수 없어요. 광고를 쓸 때마다 적어도 다른 사람에 의해 심하게 수정될 때까진 광고주에게 바로 제출하거나, 제출하

도록 허락되지 않아요.

기억하시겠지만, 예를 들어 롤스로이스의 광고를 쓸 때는 26개의 헤드라인을 썼죠. 그리고 6명의 다른 카피라이터들에게 그것을 줘서 가장 좋은 하나를 꼽게 했어요. 그리고 나서도 3500단어 정도의 카피를 썼어요. 또 서너 명의 카피라이터들에게 모호한 부분을 다듬게 했어요.

요즘 나는 많은 카피라이터가 한 일들을 판단해야만 하는 자리에 설 때는 항상 짜증을 내죠. 그들이 왜 몇십 개의 카피를 보여줄 수 없는 걸까? 어쨌든 내가 스스로 한 일에 대한 판단을 할 수도 없고 어떤 카피라이터도 그런 걸 할 수 있다고 생각하지 않아요. 많은 카피라이터들이 그들이 자신의 일을 잘 판단한다고 생각하지만 난 그렇지 않죠.

Q 오길비 씨, 좋은 카피를 만들기 위해 당신은 정해진 아이디어를 가지고 리서치를 한 후에 카피를 쓴다고 했는데, 그 과정에서 아이디어는 바뀌어지나요?

A 아이디어는 수정되죠. 좋은 카피를 만들기 위한 아이디어는 거의 조사에서 나오고 개인적인 의견이 아니에요. 시작부터 사람들의 관심을 모으면서 변화를 받아들이죠. 좋은 인쇄광고를 만드는 데 있어 많은 아이디어들을 변화시키지는 않아요. 인쇄광고는 40년 동안 조사되어 왔고 좋은 데이터들이 많죠.

Now Puerto Rico Offers
100% Tax Exemption to New Industry

by BEARDSLEY RUML

"We don't want runaway industries" says Governor Muñoz. "But we do seek new and expanding industries." Federal taxes do not apply in Puerto Rico, and the Commonwealth also offers full exemption from local taxes. That is why 317 new plants have been located in Puerto Rico, protected by all the guarantees of the U.S. Constitution.

100% 오길비 – "집에 10일 동안 있으면서 광고를 쓰는 것 외에는 아무것도 하지 않았다."

Q 누가 카피라이터로서의 당신에게 영향을 끼쳤죠?

A 다른 사람들과 일을 하면서 객관적으로 관찰함으로써 영향을 받게 돼요. 가장 최근에 내게 영향을 미친 사람 중의 하나는 로저 리브스였어요.

1937년 미국에 왔을 때 저는 광고에 대해 별로 알지 못했죠. 관심은 정말 많았지만 오히려 좋은 광고가 무엇인가에 대한 원론적인 의견만을 가지고 있었어요. 그러나 나서 로저를 만났어요. 그는 젊은 카피라이터였는데 듀안 존스와 프랭크 허버트의 영향 아래 있었죠.

로저는 아주 자세히 광고철학에 대해 설명을 해주었고 그것은 그가 일하는 대행사의 특성을 실행한 것이었죠. 영&루비캠과 케논&엑크하트같은 리더십을 추구하는 대행사에 대해 관심을 갖게 되었고 영향을 받게 되었어요. 물론 그들로부터 배운 것을 조화시켜 소화하는 데는 오랜 시간이 걸렸어요.

최근에는 도일 데인 번벅이 인쇄부문에서 했던 것들을 관찰해 왔죠. 이것은 새로운 것이에요. 하지만 그들이 정말 어떤 한 사람으로부터 그것을 얻었다고 생각하진 않아요.

그들은 독창적인 것 이상을 창조해 내었고 그것 중 몇 개는 아주 감명을 주었어요. 내가 100살까지 살 수 있었다 해도 그런 폭스바겐 캠페인을 쓸 수는 없었을 거예요. 정말 그것을 찬양하고 나를 새로운 세계로 인도했다고 생각하고 있어요.

(이 때 초인종 소리가 났기 때문에 오길비는 말을 잠시 멈췄다. 사환이 소포를 가져왔다. 오길비는 응접실 입구에 서서 파이프 담배를 한 입 가득 머금어 천정으로 뿜어올렸다. 그러고선 문을 닫고 의자에 앉더니 등의 통증을 호소했다.)

나는 조사에 기초를 둔, 꽤 잘 정의된 크리에이티브 철학을 가지고 있어요. 그런데 너무 잘 정의되었어요. 너무 엄격할 정도로…….

어느날 누군가가 내 사무실에 와서 말해 주었으면 좋겠어요. "당신의 좋은 광고를 만드는 96가지 법칙은 새 날아가는 소리요. 그것들은 별 연관없는, 시대에 뒤떨어진 연구에 기초하고 있소. 새로운 연구에 기초하고 있는 96개의 새로운 법칙이 있소. 그 법칙들을 창문 밖으로 던져버려요……. 당신은 나이 든 새요. 과거에 살고 있소. 더 멀리 날아요. 나는 새로운 논리로 새로운 도식을 썼고 미래의 선지자요."

나는 이런 일이 일어나기를 희망해요. 가끔이긴 하지만 이미 우리 대행사에도 일어나고 있고 아주 행운이죠. 때때로 아주 나를 화나게 하긴 하지만 대행사에는 아주 행운이에요.

Q 카피라이팅에 있어 당신의 방법이나 스타일은 광고비즈니스로부터 영향받은 것이 있나요? 광고에 관한 "현학적인" 견해를 가지

고 있다면서요.

A   젊었을 때는 그랬죠.

Q   소설, 시가 어떤 영향을?

A   그렇게는 생각하지 않아요. 전 어떤 시도 읽지 않아요.
시를 읽는 것을 참을 수가 없어요. 소설도 일 년에 한 편도
읽지 않아요. 다른 것들을 읽지요. 하지만 독서가 카피를
쓰는 데 그리 큰 영향은 미치지 않는다고 봐요. 나는 스스

"나는 나 자신이 한 일을 판단할 수 없어요. 그리고 어떤 카피라이터도
그렇게 할 수 없을 거라고 봐요."

로 좋은 작가라고 생각하지 않아요. 대신 가장 지독한 편집자라고 생각해요. 내 작품이든 남의 것이든 편집은 자신 있어요.

잡동사니를 쓰고 나서 편집하고 편집하고… 이성적으로 납득이 갈 때까지 적어도 가끔은 그렇게 해요. 그것은 아주 뼈를 깎는 작업이죠. 더 유창하고 더 날랜 작가들을 알고 있어요. 그렇지만 나는 그렇지 못해요. 아주 늦지요.

나는 프리젠테이션 전에 한 개의 카피를 위해 적어도 19개의 초안을 써요. 지난주에는 시어즈 로벅(Sears Roebuck) 광고를 위해 37개의 헤드라인을 썼어요. 그 중 세 개가 사람들에게 보여줘서 좋은 평을 받을 정도로 괜찮다고 생각해요. 카피를 쓴다는 것은 나에게는 쉬운 일이 아니죠.

Q 다른 사람들보다 더 쉽게 쓸 수 있는 어떤 제품이 있나요?

A 그렇죠. 개인적으로 흥미가 있는 제품들이 더 쉽게 써진다는 걸 알고 있어요.

Q 예를 들어 롤스로이스는 당신에게 관심이 컸었나요?

A 그렇죠. 롤스로이스를 맡은 이유는 항상 롤스로이스 차에 대해 관심을 가지고 있기 때문이에요. 그리고 그것들에 대해 쓰고 싶었어요. 그런데 어떤 제품은 잘못 쓸 거라고 생각해요. 그 제품에 별 관심이 없으니까요.

Q 예를 들면요.

A 글쎄, 화학에는 관심이 없어요. 가장 기초적인 화학시험 조차 패스할 수 없었어요. 정말 관심이 없었기 때문에 철학에도 관심이 없었죠! 철학에 관해서는 아무것도 쓸 수가 없어요. 국가광고 개발에는 관심이 있어요. 특별히 프에르토리코에…….

Q 당신이 만든 모든 광고 중에서 프에르토리코를 위한 광고가 가장 마음에 들었다고 말했던 것 같은데…….

A 훌륭한 광고였다고 생각해요. 그것을 쓰기 위해 굉장히 많은 노력을 했어요. 엄청 많이 읽어야 했구요. 10일 동안 집에 있으면서 광고를 쓰는 것 말고는 아무것도 안 했어요. 그것은 평범하고 긴 카피광고였어요. 내 기억에 헤드라인은 "지금 프에르토리코는 신생 기업체에게 100% 세금감면을 제공한다."였어요.

그러고 나서는 긴 서브카피였어요. 그리고 바디카피는 Beardsley Ruml에게 쓰게 할 작정이었죠. 그 주제에 대해 이성적·감성적으로 깊이 관여되어 있었기 때문에 정말 마음을 다할 수 있었어요. 우리는 몇 년 동안 헬레나 루빈스타인에 대한 광고를 했어요. 립스틱이나 페이스파우더에는 정말 관심이 없었기 때문에 쓰는 데 익숙해지지 않았던 제품이죠.

항상 디너파티에서 한 여자의 옆에 앉아서 그녀가 사야

하는 제품과 그것을 어디서 사야 하는지에 대한 충고를 했어요. 그녀에게 사실을 말해 주었고 흥미를 가지려고 노력했어요. 군중들을 대상으로 쓰지는 않았어요. 한 인간이 다른 인간에게 이야기하는 식으로 썼죠.

전문가의 손길 – "나에게 일어나는 일이 나같은 포지션에 있는 사람에게도 일어나죠. 관여되지 않은 일이라 하더라도 우리 대행사에서 나오는 결과물에는 늘 믿을 수 있는 질을 유지하고 있어요. 우리 대행사에 있는 누군가가 한 일이 내가 한 것처럼 느껴질까봐 두려워요. 하지만 위의 두 광고는 그러한 두려움이 필요 없어요. 바로 나 자신이 쓴 것이기 때문이죠."

우연히 가장 좋은 광고는 개인적인 경험에서 나온다는 이론을 얻게 됐어요. 좋은 광고들은 정말 실제생활의 경험에서 나오는 겁니다. 이런 광고들은 아주 진실하고 타당하고 설득적이죠.

Q 예를 들면요?

A 좋습니다. 15년 전에 오스틴(Austin) 자동차에 대한 광고를 썼어요. 아는 사람은 알고 있을 거예요. 헤드라인은 "오스틴을 운전하면서 절약한 돈을 그로턴에 있는 내 아들에게 보내고 있다"는 것이었죠. 나는 오스틴을 운전했는데 학교에 데려다 줄 아들이 있었기 때문이죠. 근데 나는 아주 가난했고 충분한 돈을 기숙사에 있는 아들에게 보낼 수 없었어요. 이 경험은 아주 진실되고 타당한 것이었죠.

전에도 말한 바 있지만, 어떤 카피라이터라도 관심이 없는 장소나 제품에 대해 타당한 카피를 쓰는 건 어려운 일이에요. 불행히도 대부분의 카피라이터들은 일을 골라 할 수 있는 위치에 있지 않아요. 그렇지만 그 대행사의 우두머리라면 가장 좋은 위치에 있기 때문에 할 일을 고를 수 있죠. 광고주를 할당할 때 카피라이터에게 의무감으로서가 아니라 정서적으로 감정이입이 가능한 광고주를 할당해야죠.

당신이 정말 사람들, 가족, 와이프, 친구들, 저녁파티에서 만나는 사람들을 설득하기를 원한다고 진정으로 느끼지 않는다면 어떤 것도 팔 수가 없다고 생각해요. 좋은 카피는 혀로 쓰여지는 것이 아니라 생활에서 얻을 수 있는 것이죠. 그 제품에 대해 믿어야 해요. 이것이 진부하게 들릴지 모르지만 아주 당연한 현실이에요.

Q 오길비 씨, 광고회사의 카피슈퍼바이저로서 크리에이티브한 사람을 구별하는 분명한 특색들이 있다면요? 카피라이팅과는 별도로요.

A 16년 동안 모든 훌륭한 사람들에 적용될 수 있는 공통적인 무언가를 찾으려고 노력했지만 없어요. 훌륭한 크리에이터의 특색을 5~6개라도 찾을 수 있다면 사람들을 고용하는 데 있어 더 성공적이었겠지만······.

리스트는 만들 수 있죠. 호기심, 풍부한 어휘력, 훌륭한 시각적 상상력과 같은······. 그리고 나서 수백 명의 사람들을 인터뷰할 수는 있어요. 그러한 특성을 가지고 말이죠. 그리고 정예의 인재를 채용할 수도 있겠죠. 하지만 어떤 공통적인 특색이 있는지는 잘 모르겠어요. 어떤 종류의 교육이 좋은 카피라이터를 만들 수 있다고는 생각하지 않아요.

예를 들면 홉킨스(Claude Hopkins)는 대학교육만으로는 어느 누구도 백만인에게 어필할 수 있는 광고를 쓸 수 없다고 주장했어요. 정말 넌센스죠. 좋은 카피라이터의 특색은 열심히 일하는 데 있다고 생각해요.

그렇지만 그렇다고 절대 확신은 못해요. 50명의 카피라이

"홉킨스는 갓 대학을 졸업한 사람이 수백만의 대중을 상대로 뭔가를 쓴다는 것은 말도 안 된다고 주장해요. 그건 넌센스죠."

"정말 훌륭한 카피라이터였던 루비캠은 대행사를 운영하면서 카피를 전혀 쓰지 않겠다고 말했고 그는 그렇게 했죠."

터 중에서 연말에 정말 성공적인 한두 개의 캠페인을 만들었다고 말할 수 있는 사람은 정말 훌륭한 사람이에요. 그것보다 더 정확한 척도는 잘 모르겠어요.

카피 쓰는 방법이나 훌륭한 카피라이터가 되는 방법에 관한 일반적인 연구는 우리 대행사에서 하기 힘들어요. 그런 걸 어느 정도 이루어 왔는지도 말하기 쉽지 않군요.

Q TV광고 카피만을 잘 쓰는 카피라이터들과 인쇄광고 카피만 잘 쓰는 사람들에 대해서는 어떻게 생각하나요? 카피라이터는 그 두 가지를 다 잘 써야 하나요?

A 요즘은 꽤 훌륭한 카피라이터라도 인쇄광고는 전혀 쓸 수 없는 사람들이 많아요. 우리 대행사에도 TV광고만 잘 쓰는 몇 명의 카피라이터들이 있죠. 인쇄광고 카피를 쓰라고 하면 아마 2~3일 후에 카피를 가져오지만 그것은 광고가 아닐 거예요.

누군가가 다른 광고에서 썼던 것과 비슷한 글을 볼 수 있을 거예요. 이름은 들어봤지만 직접 본 적은 없는…….. 그들은 TV카피라이터들이에요. 그것이 그들이 아는 모든 것이죠. 신이 축복하기를…….

Q 인쇄광고 카피라이터들에 대해서는 어떻게 생각하세요?

A 그들도 마찬가지죠. 인쇄광고에 뛰어난 많은 카피라이터들이 있지만 그들은 TV광고에는 거의 관심도 없고 잘 쓰지도 못해요. TV광고와 인쇄광고 모두 잘 할 수 있는 카피라이터는 정말정말 거의 없어요.

Q 당신은 TV광고보다 인쇄광고를 더 좋아하나요?

A (오래 생각한 다음) 나는 TV광고보다는 인쇄광고 카피라이터예요. 그 정도로 인쇄광고를 더 좋아하죠. 아마 내가 쓴

인쇄광고 중에 잘 알려진 몇 가지를 알고 있겠지만 TV광고 중에는 별로 없을 거예요. 이름만 말하면 금방 박수가 나올 듯한 그런 게 없어서 유감이군요.

12년 전에 나의 전성기로 거슬러 올라가면 그 시절에는 광고주가 많지 않았는데 15개의 캠페인이 진행되고 있었고 그 중에 14개가 인쇄광고였어요. 최근에는 광고캠페인 중에 자신있게 내 작품이라고 말할 수 있는 게 없는 것 같아요.

난 인쇄광고 체질인 것 같아요. TV광고에는 별로 자신이 없어요. 우리 대행사에 50명의 카피라이터가 있는데 나보다 인쇄광고를 더 잘 쓸 수 있는 사람은 3명이 안 되리라고 봐요. 대신에 TV광고를 잘 쓸 수 있는 사람은 37명쯤 돼요.

Q 'Last tycoon'의 시나리오 작가는 소설의 성격을 "글쓰기"가 아니라 "묘사"라고 했거든요. 시나리오를 쓰는 것은 글쓰기가 아니라 묘사라고 하는 말에 동의하시나요?

A 아주 좋은 묘사군요. TV광고가 형편없었던 이유가 따로 있었어요. TV광고 이전에는 라디오CM이 있었잖습니까? 라디오광고는 말로 이루어져 있어요. 오래 전에 라디오광고 시대에는 찰리 맥커시, 프레드, 알렌 등이 활동하고, 드라마가 한창일 때는 좋은 라디오 광고들이 많았고 대개는 60초 분량이었어요. 그리고 나서 TV가 나왔을 땐 라디오광고를 쓰던 사람들이 TV광고를 쓰기 시작했어요. 그런데 그들이

썼던 것은 말이었어요.

그들은 팔 수 있는 단어를 사용하려고 했어요. 그러고 나서 알게 되었죠. 팔리는 건 단어가 아니라 그림이라는 것을. 그것은 액션이죠. 때때로 훌륭한 광고는 "자, 보세요" 같이 심플하게 시작되는 2단어만으로 이루어진 거라고 생각해요. 그러고 나서 정말 재미있고 설득적인 그림이 나와야죠. 그래야 시청자들이 물건을 사러 가는 법이죠.

이것과 정확하게 관계없지만 몇 가지를 좀더 말하고 싶어요. 당신이 소설이나 희곡, 시를 쓰는 작가라면 시간을 마음대로 쓸 수 있어요. 그리고 6달이나 6년 후에 쓰는 것을 끝냈을 때 출판을 할 수 있죠.

그러나 광고에서는 데드라인이 있어요. 거기에 맞춰 아이디어를 내야 하며 그것은 아주 대단한 것이어야 해요. 쉽지 않은 일이죠. 많은 사람들을 망가뜨리는 일이지요. 우리는 빨리 좋은 것을 써야만 해요. 그리고 나쁜 것은 빨리 끝내야 해요.

Q 피할 수 있는 빙법이 있을까요?

A 나는 때때로 조사를 하죠. 몇몇 광고주들은 커머셜을 바로 트는 것을 거절해요. 테스트를 해서 가장 좋은 것을 선택하기를 원하죠. 이것은 광고주들이 훌륭한 한 가지만을 원하는 것이 아니라 몇 가지 중에서 선택하기를 원한다는 겁니다.

전 가끔 생각을 했어요. 내가 광고인이 되면 돈을 모아서 위대한 캠페인을 만드는 대행사를 만들어야겠다고……. 누구나 적용할 수 있는 기준과 테스트를 거쳐서 말입니다. 돈을 달마다 아니면 해마다 찔끔찔끔 쓰는 게 아니라 축적된 광고비를 한꺼번에 투자하는 거죠. 그런데 세법이 그걸 호락호락 놔두질 않아요.

진짜 문제는 대부분의 유능한 카피라이터들이―나처럼 중역으로 물러선 사람이 아닌―너무나 많은 제품의 광고를 위해 너무나 많은 스토리보드를 만들어야 하는 압력을 받고 있다는 겁니다. 우리가 해낼 수 있는 것보다 훨씬 많이 만들어야 한다는 거죠. 쓰레기더미같은…….

Q 재능에 대해서는 어떻게 생각하시죠?

A 대부분의 대행사에서―모든 대행사에서―카피라이터 기근현상이 있어요. 잘나가는 카피라이터들은 이 미팅에서 저 미팅으로 이리저리 끌려다니면서 일을 쳐내야 해요. 엄청나게 많은 일을 마감시간까지 다 끝내서 틀림없이 OK를 받아내야 하는 분위기에서 불멸의 광고를 만들기란 정말 어려운 일이죠.

Q 진부한 질문이 될지 모르지만, 오길비 씨. OBM의 회장으로 계시니까 광고에 관한 한 통달하셨다고 봅니다. 만약 당신의 아들이 카

피라이터가 되고 싶어한다면 그에게 어떤 충고를 주시겠어요?

A   우선 광고사업에 종사하기를 원한다면 아들은 카피라이터가 되기를 원하지 않을 거예요. 예를 들면 하버드, 콜롬비아, 다트마우스 같은 비즈니스 스쿨을 졸업한 젊은이들이 우리 대행사에 22명이나 있는데 이들 22명의 비즈니스 스쿨 졸업자들은 정말 만만찮은 재원들이에요. 그런데 모두 카피라이터가 아니라 AE로 활동하기를 원해요.

만일 내 아들이 22살이어서 광고에 입문해서 카피라이터가 되겠다고 하면 반대했을 거예요. 나의 악명높은 그늘 아래서 벗어나는 방법부터 배우기 시작하라고 말하고 싶어요. 사람들은 그에게 아버지만큼 훌륭하지 않다고 말하거나 아버지가 했던 것보다 더 낫다고 말할지도 모르죠. 그러면 전 이렇게 말해 주겠어요. "넌 22살이야. 뭔가 다른 일을 해본 후가 아니면 카피라이터가 되선 안 된다고 생각한다."

대학을 졸업하고 바로 카피라이터가 되는 사람들을 봤어요. 우리는 그들 중 몇 명을 데리고 있지만 나는 어렵다고 생각해요. 내가 말했듯이 난 39세에 처음으로 광고카피를 썼어요. 처음에 많은 다른 일들을 해내지 않았다면 그것을 할 수 없을 것 같아요. 나는 부엌난로를 파는 세일즈맨이 된 적도 있고 조사회사에서 일한 적도 있어요. 처음 광고를 썼을 때는 아주 중요한 경험을 한 뒤였어요.

그러나 내 아들이 이 사업에 뛰어들려고 한다면 먼저 다

른 일을 더 열심히 하라고 말하겠어요. 자리에 앉아서 39개
의 김빠진 형용사를 쓰기 전에 제품에 대해 알아야만 하고
완전히 공부를 해야 해요. 또 많은 광고를 읽어야 하죠.

나는 많은 잡지를 읽었지만 오랫동안 기사를 전혀 읽지
않았어요. 광고만을 읽었어요. 나는 그에게 질적으로 수준이
높아서 많은 훈련을 쌓을 수 있는 대행사에 취직하라고 충
고하겠어요. 거기에서 그는 훌륭한 리더십을 배울 수 있을

거예요. 좋은 광고와 그렇지 않은 광고에 대한 것을 가늠할 수 있는 그런 대행사 말예요.

Q 카피라이팅에 있어 일상어의 사용에 대해서는 어떻게 생각하세요? 이를테면 "담배라면 윈스턴만큼은 맛있어야지요" 같은 용법처럼요.

A 이런저런 이유로 전 학교에서 영어문법을 공부하지 못했어요. 그래서 문법을 잘 몰라요. 그런데 사람들이 "Winston tastes good"이라는 구절을 문법적으로 옳지 않다고 하는 얘기들을 귀담아 들었어요. 그러나 전 왜 그런지 잘 모릅니다. 제겐 그게 그거 같거든요.

그들이 문법주의자라면 난 아니다라는 것만 확실히 말할 수 있어요. 사람들을 설득해서 뭔가 하게 하거나 사게 하려면, 그들이 매일 사용하는 그들만의 언어를 써야 한다고 생각해요. 그것이 일상어가 필요한 이유죠.

레오 버넷은 이런 일상어에 아주 익숙했어요. 누군가 우연히 떠오르는 매일매일의 일상어를 모아 둔 상자가 그의 책상 위에 있다고 내게 말해 주었죠. 나는 외국인이기 때문에 이런 것에 익숙하지 않아 미국의 일상어에 대해 터득하지 못했어요. 그렇지만 그렇게 하는 다른 사람들을 존경합니다. 한 사람이 다른 사람에게 얘기하는 것처럼 쓰는 능력을 말입니다. 커뮤니케이션의 대단한 능력이라고 생각해요.

그것이 바로 일상어죠.

Q 정말 재미있는 이야기군요. 당신도 아이디어 파일을 담아두는 '상자'를 가지고 있나요? 생각나는 아이디어나 생각들을 어떻게 모아두시나요?

A 내가 썼던 것들을 사무실 서랍에다가 모아두지요. 그리고 밤새 썼던 것들을 모아 둔 종이패드를 침대곁에 두고 있어요. 여러 해 동안 작은 포켓노트를 가지고 무언가를 적어왔는데 아무 것도 기억할 수가 없어요. 소용이 없는 것 같아요.

광고글쓰기의아트
로저 리브스와의 대화

로저 리브스 Rosser Reeves (1910·-1984)

1910년_ 버지니아주의 댄빌(Danville)에서 감리교 목사의 아들로 태어남, 1930년대_ Richmond

Times-Dispatch 신문의 기자로 입사, 1934년_ 뉴욕으로 이주하여 광고 일 시작, 1940년_ 광고대

행사 Ted Bates and Co. 공동설립, 1961년_ USP(Unique Selling Proposition)이론으로 유명한

저서 『광고의 실체』(Reality in Advertising) 출간, 1965년_ 카피라이터 명예의 전당에 추대됨.

주요 광고캠페인 Anacin, M&M, Viceroy, American Home Product, P&G 등

"내 얘기는 매력적이고 재간있는, 따뜻한 카피가 모두 파는 힘이
없다는 건 아닙니다. 다만 그런 수많은 캠페인 중에 팔리지 않는
것들이 많았다는 얘길 하는 겁니다."

로저 리브스

Rosser Reeves

로저 리브스는 약속시간에 5분 정도 먼저 나타나기로 유명하다. 그러나 오늘은 10분 늦게 도착했다. 그는 다소 상기된 표정으로 Ted Bates & Co.의 사무실로 들어섰다. 광고주와의 점심미팅이 있었는데 뭔가 잘못된 듯했다. 사무실 한켠의 소파에 앉아서도 그는 딴 데 정신을 팔고 있는 듯했다.

그는 인터뷰할 사람이 녹음기를 점검하는 동안 앞에 있는 커피 테이블 위에 쌓여 있는 잡지 중에서 하나를 골라 대충 보고 있었다. 오후의 차가운 햇빛이 코너의 창문을 통해 반대편 끝 방의 책상 위에 있는, 청동과 크리스탈로 된 모래시계에 비치고 있었다. 리브스 씨는 새 담배개피에 불을 붙이고서는 인터뷰 시간을 확인이라도 하듯 시계를 들여다보았다.

Q 제가 먼저 질문하고 싶은 것은… 당신은 카피를 쓰실 때 아미 확정된 아이디어를 가지고 시작한다고 들었는데 도중에 바뀌는 일이 없나요?

A 많이는 아니고 아주 조금요. 광고의 테크닉은 연구할 수 있을 만큼 연구되어서 거의 완벽에 가까워졌습니다. 나는 1929년에 카피라이터로 시작, 현재 36년째 이 일을 하고 있는데요. 내가 광고의 불변의 원칙에 대해 말하고 싶은 것은, 36년 동안 눈에 보일 만큼의 아무런 변화도 없었다는 겁니다.

Q 광고의 불변의 원칙이라… 그렇다면 카피의 불변의 원칙은요?

A 글쎄, 카피의 불변의 원칙에 대해서 얘기해 봅시다. 당신을 만나기 위해 3분 전에 내가 바로크 레스토랑에서 나오는데 5번가 버스가 내 앞을 지나갔어요. 거기서 정말로 무시무시할 정도로 안 좋은 광고의 예를 하나 봤습니다. 그것은 5번가 버스 옆구리에 붙어 있는 큰 포스트였는데, 버스가 바로 내 앞에서 약 1분 반 정도 멈춰 서 있을 때 본 환상적인 소녀의 사진이었죠.

내 기억으로는 헤드라인이 "스웨덴에서 여자에게 온 가장 놀라운 변화… 금발의 여자에게 온…" 나는 금발의 여자를 좋아합니다. 그런데도 버스가 지나가고 당신들을 만나러 길을 건너는데 그 제품이 도무지 뭐였던지 기억이 안 나는 거 아니겠습니까?

Q 아마 Eric cigars일 겁니다.

A Eric cigars라구요? 글쎄, 나는 그 제품의 이름을 보지 못했습니다. 나는 금발에 대해서 연구하고 있는데… 물론 우리랑 같은 인간이지요.

5~6년 전에 나는 카르디니(Cardini)라는 유명한 카드 마술

강한 광고 ANACIN – 이 TV광고에 대해 로저 리브스는 말한다. "당신은 내게 주관적인 판단을 요구할 수 있겠지요. 모든 사람이 그렇지요. 난 좀 더 다른 기준을 갖고 있어요. 큰 제약회사는 결코 소득없이 864만 달러를 낭비하진 않아요. TV-CM에 들어간 돈이 제작비로 8,200달러였는데 뿌린 돈보다 엄청 많이 벌었지요."

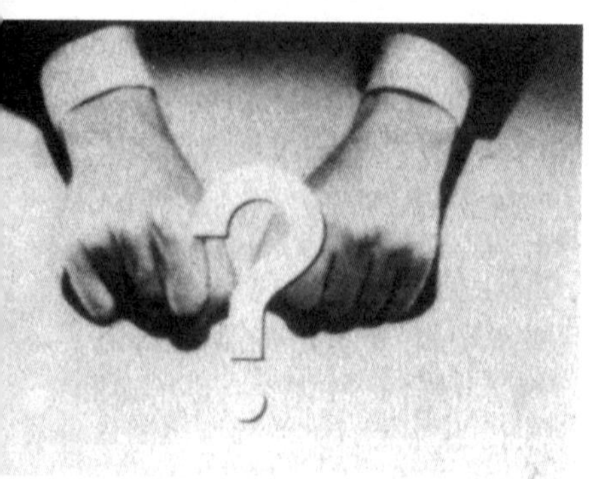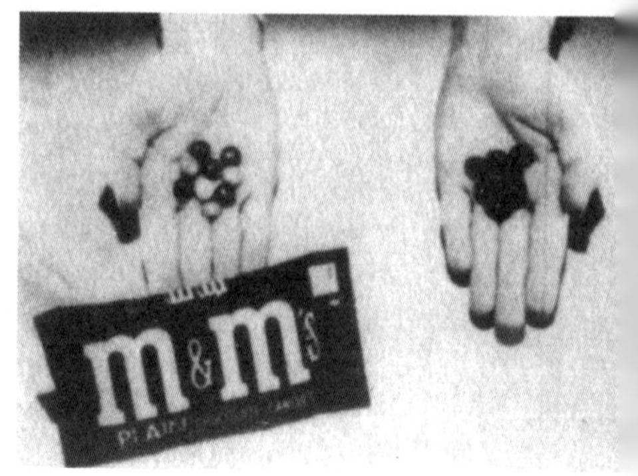

제품속에 있는 아이디어 – 리브스씨는 M&M캔디 사장인 John MacNamara와의 첫만남을 회상하였다. "10분 간의 대화에서 내가 깨달은 게 있죠. 광고아이디어는 제품 속에 내재되어 있다는 겁니다. 이 제품은 슈거 당의정으로 코팅된 미국에서 유일한 캔디였어요. 나는 두 손을 화면 위에 내밀고 말했습니다. '어느 손에 M&M초콜릿이 쥐어져 있을까요?

사를 만났었습니다. 그는 반 곽의 카드를 옷깃에 넣으려 했지요. 왼손으로 카드를 옷깃에 넣는 동안 그는 무릎 밑으로 카드로 만든 부채를 만들어냈어요. 사람들은 모두 그의 무릎 밑에서 나오는 부채를 보고 있었구요. 그래서 사람들은 그의 다른 한쪽 손을 못 보고 있었던 것이지요.

그런 마술이 바로 버스 옆구리에 붙은 포스터와 같은 전형적인 광고와 같지요. 내 기억에는 매혹적인 소녀의 이미지가 남아 있지만 그 제품이 무엇이었는지는 모르겠어요. 이런 게 내겐 돈낭비일 뿐이란 생각이에요.

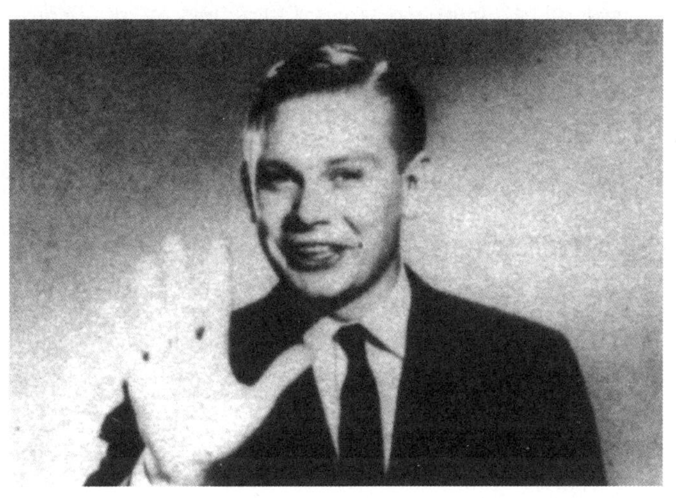

이 지저분한 손은 아니예요. 바로 이 손입니다. M&M은 입에서 녹고 손에서는 녹지 않으니까요!' 이 문구… 기교있는 얘기 아닙니까? 하지만 이 캠페인의 아이디어, 즉 캔디가 슈거 코팅 때문에 녹지 않는다는 것은 제품 속에 내재되어 있었기 때문에 세상에서 가장 쉬운 얘기였죠."

Q 마술사의 말투로 하면 아마 그건 미혹(misdirection)일 겁니다.

A 미혹이라… 나는 그것을 뱀파이어 비디오, 즉 마음을 혼란시키는 테크닉이라 부릅니다. 그것은 오늘날의 광고에서 가장 흔한 실수입니다.

Q 미혹에 관해서 얘기한다면… 당신은 어떻게 카피라이터가 되셨습니까?

A 아, 나는 광고를 좋아했습니다.

Q 본의 아니게 카피의 길로 들어서게 된 겁니까? 아니면 카피라이터가 되길 원해서 된 겁니까? 혹시 다른 분야에서 일하길 원했습니까?

A 나는 신문기자가 되고 싶었습니다. 왜냐하면 기자만이 그 당시 내가 얻을 수 있는 직업이었기 때문입니다. 그렇지만 그때도 나는 카피가 쓰고 싶었고, 그래서 지금까지도 나는 카피라이터입니다. 진짜 카피라이터 말이에요.

Q 조지 그리빈(George Gribbin)도 신문기자가 되고 싶었다는 것 아시죠? 그런데 그는 기자를 버리고 카피라이터가 되었습니다.

A 나도 신문기자가 되고 싶었습니다. 그런데 그때 나는 겨우 19살이었고 1929년 또는 1930년대에는 내가 기자로서 한 주에 벌 수 있는 돈은 겨우 14불이라는 것을 알고 나서 사회부 기자에 대한 저의 열정도 금새 사라졌습니다.

Q 당신은 요즘 다른 곳들보다 돈을 더 버는 건 아니지요?

A 네, 적게 받는 직업이라고 들었습니다. 그렇지만 아주 흥미로운 직업입니다. 당시 『Richmond Times Dispatch』의 편집장으로 있던 나의 상사는 John Denson이었습니다. 그때부터 그는 『Newsweek』의 편집장, 『New York Tribune』의 편집장 그리고 현재는 『Journal American』의 편집장입니다.
  근래에 그와 한 점심자리에서 우리는 어떤 직업이 더 나은 직업인지에 대해서 논쟁을 했는데, 그는 신문사는 보수가 높고 보람이 있는 직업이라고 하더군요.

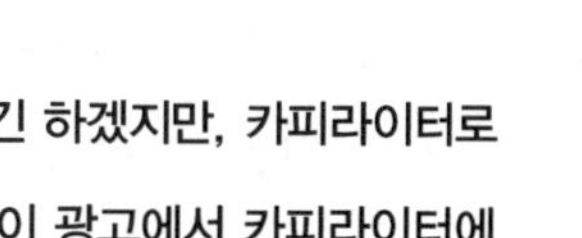

Q　나중에 훈련과 환경에 대해서 질문하긴 하겠지만, 카피라이터로 그리고 카피 관리자로 지내면서 어떤 훈련이 광고에서 카피라이터에게 가장 필요하다고 생각하십니까?

A　큰 광고 대행사에서 자신이 무엇을 하는지를 아는 사람과 일하는 것이겠죠.

Q　처음부터 말입니까?

A　처음부터요. 아니면 어디서 배울 수 있습니까? 큰 대행사 아니면 그런 곳은 없습니다. 오늘날의 광고는 여러 대학에서 광고 수업도 많지만 실상은 Henry Clay와 Patrick Henry시대의 법률 수업과도 같습니다. 아시는 것처럼 그때는 법대가 없었습니다. 그냥 경험있는 변호사 밑에서 법을 읽었습니다. 그리고 오늘날 카피를 배우는 좋은 방법은 바로 경험있는 광고인의 광고를 읽는 것입니다.

Q　당신은 다른 직업이나 분야에 있던 사람이 광고쪽으로 와서 성공적이고 유능한 카피라이터가 될 수 있다고 생각하시지 않나요?

A　당연히 아닙니다. 그건 카피라이터가 소설가가 될 수 있다는 것만큼이나 바보같은 말입니다. Earnest Hemingway를 예로 들어 볼까요? 완전히 별개의 영역이죠. 확신하건대,

Shakespeare는 서투른 카피라이터였을 겁니다. 헤밍웨이도 서투른 카피라이터였을 거구요. Dostoevsky도 Tolstoy도 마찬가지. 다른 소설가의 이름을 한번 대보세요. 두 개의 전혀 다른 전문영역이지요.

Q 카피라이터가 다른 분야에서도 배울 수 있다고 생각하십니까? 소설가에서 배울 수도 있습니까? 시인한테서도 배울 수 있습니까? 다른 분야의 글쓰기에서도 배울 수 있습니까? 자신을 위한 장비로서 말입니다.

A 어느 정도까지만요. 헤밍웨이같은 최고의 소설가라면 또 모르지요. 나는 헤밍웨이의 굉장한 찬양자입니다.

Q 그가 광고를 썼다는 것도 아시죠?

A 네, 알고 있습니다. 하지만 그가 그 광고를 쓰지 않았다는 것도 아시죠? 그는 카피의 한 부분을 써놓았을 뿐인데 그게 광고에 들어간 거죠. 그는 광고를 만드는 사람이 아니었습니다. 그렇지만 헤밍웨이같은 소설가와 카피라이터 사이의 공통점은 그들이 모두 영어를 사용한다는 것입니다.

Q 당신은 테크닉에 대해서 얘기했었습니다. 카피에서 글 쓰는 방법, 아이디어를 얻는 단계 등… 테크닉에 관한 책이나 연설문이 많이 있는데, 당신도 이런 테크닉을 가지고 있습니까?

A 질문을 잘 이해했는지 모르겠지만… 대부분의 내가 읽어 본 그런 책이나 연설문은 엉터리라고 생각합니다. 그건 마치 Mozzart ─ 그는 12살에 심포니를 작곡했다 ─ 에게 "당신이 작곡한 심포니는 어떤 공식에 의해서 작곡된 것입니까?"라고 묻는 것과 같다는 거지요.

"당신의 작은 회사가 100만 달러 정도의 매출한계를 갖고 있는데 갑자기 광고가 먹히지 않고 판매곡선이 곤두박질친다고 가정해 보자구요. 모든 게 광고에 달려있고… 당신의 미래와 가족의 장래 그리고 다른 가족들의 생계가 달려 있다 칩시다. 당장 당신은 내가 어떻게 해주길 바랄까요? 썩 괜찮은 카피? 아니면 그 빌어먹을 판매곡선이 떨어지는 걸 멈추고 위로 향하길 원하시나요?"

지금 당신도 심포니를 작곡할 때 하모니와 규칙 그리고 형태에 관해 어떤 기본 테크닉을 사용할 수 있겠지요. 훌륭한 심포니를 작곡한 음악가와 그렇지 않은 음악가 두 명의 차이를 토론한다고 칩시다. 그렇지 않은 음악가에게 당신이 그의 일하는 방식을 물어본다면 시간을 낭비하는 것밖에 안될 겁니다. 그 사람은 작업순서를 제대로 모르기 때문이지요.

"광고를 차별화하는 것보다 제품을 흥미있게 만들어야 합니다.

Q 어떤 사람들은 일의 순서를 잘 알고 있는 것 같아요. 예를 들자면…….

A 글쎄, 당신은 지금 다른 얘기를 하고 있는 것 같습니다. David Ogilvy와 나는 모두 Cluade Hopkins의 제자입니다. 그런데 우리가 얘기하는 그 작업순서는… 그것에 의해 우리가 아이디어에 도달하는 것은 아닙니다. 단지 그건 아이디어가 나온 이후에 광고를 풀어가는 테크닉일 뿐이지요.

Q 글쎄요, 스스로 아이디어에 도달하는 방법이 가장 어려운 성취가 되겠지요. 이것이 아이디어를 내야 하는 사람이 부딪히는 끝없는 문제 – 매년 매월 부딪히는 – 중의 하나인데 보험사를 예로 들어 보자구요.

A 비즈니스를 하는 데서 가장 어려운 일일 수도 있고 가장 쉬운 일일 수도 있습니다. 그건 제품이 뭐냐에 달려 있습니다. 예를 들자면 1954년 Charles White와 John Mac-Namara라는 두 사람이 나의 사무실을 찾아왔습니다. 존은 M&M 캔디의 사상이었습니다. 그는 제품을 필 수 있는 새로운 아이디어가 필요하다고 했습니다.

사실 10분 동안 말해 보고 나니 광고 아이디어는 제품 안에 있었죠. 껍데기에 둘러싸인 초콜릿으로는 미국 내에서 유일했기 때문입니다. 이런 경우에 아이디어는 테이블 위에 놓여있는 셈이죠. 문제는 이 아이디어를 어떻게 광고로 만들 것인가죠. 여기서 기술적인 영역으로 들어가게 됩니다.

광고에서 말하고자 하는 것은 정해져 있지만 무어라고 할

바로 그런 사실을 오늘날 미국의 수많은 카피라이터들이 이해를 못하고 있어요.”

것인가 써 봐야 아는 것이죠. M&M 케이스에서 두 손 바닥을 스크린에 놓고 "어느 손이 M&M을 쥐고 있던 손일까? 지저분한 손은 아니죠. M&M은 입에서만 녹고 손에서는 안 녹으니까요."라고 말할 수 있겠죠.

광고적으로는 "M&M, 입에서만 녹고 손에서는 안녹아요"라고 하는 게 되지요. 15가지 다른 방법이 있겠지만 이 캠페인의 아이디어는 M&M이 딱딱한 껍데기에 둘러싸여 있기 때문에 녹지 않는다는 것을 말하는, 제품 자체의 장점을 말하는 아주 쉬운 것이었습니다.

Q **대부분의 해법은 제품 내에 있다고 보세요?**

A 그러면 좋게요. 여기서 아주 까다로운 경우를 만나게 되죠. 예전에는 경쟁사에 비해 차별점이 전혀 없는 물건을 들고 와서 "카피 죽이게 써서 잘 좀 팔아주쇼" 하는 엉터리 광고주를 만날 수 있죠. 요새야 그렇게 해서 안 팔린다는 걸 다 알지만 말이죠.

레버 브라더스나 P&G, 브리스톨 마이어스, 아메리칸 홈 프로덕트, 알버토 컬버와 같은 큰 광고주도 자신들의 제품이 차별점이 없다면 카피라이터는 무용지물이라는 것을 아니까요.

제품 내에 아이디어가 들어있는 한 카피라이터는 그것을 찾아 헤맬 이유가 없는 것 아니겠어요? 결국 그의 일은 광

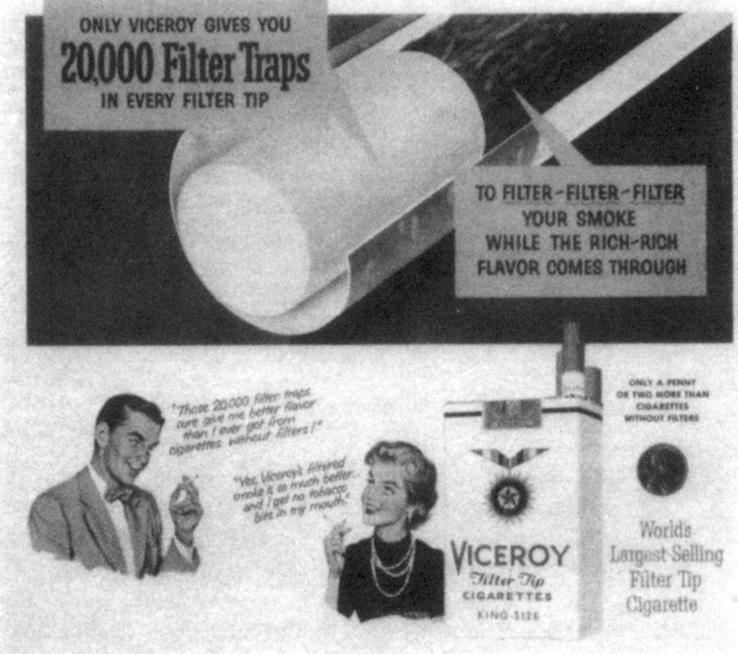

잠꾸러기 – 1945년 리브스 씨는 Viceroy담배 한 갑을 사장의 책상에서 꺼내 들었다. 그러고는 "누가 광고대행을 하고 있지요?" 하고 물었다. 광고주는 "어디서도 하고 있지 않습니다. 그냥 잠자고 있는 거지요." 그는 리브스에게 그 캠페인을 41,000달러에 맡겼다. Kool담배의 프로덕션 예산에서 남은 돈이었다. "6~7년 후, Viceroy이는 광고비로 1년에 1,800달러를 쓰게 되었습니다"라고 리브스 씨는 회상한다.

고적으로 대중에게 더욱 쉽게 그 강점을 보여주는 것뿐이니까요.

Q 그럼 카피라이터의 일이라는 것이 예술이라기보다 그저 기술적인 것이라는 말인가요?

A 둘 다여야죠. 전에 말한대로 John Crichton이 『Ad age』의 편집장이었을 때 "카피들이 조사에 기초해서 약간의 장난만 치는 것을 일이라고 생각한다면 그 사람은 헤맬 수밖에 없지"라고 말한 데에는 일리가 있다는 거죠.

광고주는 시장에 내놓을 만한 상품을 갖고 카피라이터에게 와야 합니다. 다른 제품과의 차별점이 매우 쉽게 발견되는 좋은 제품, 예를 들어 1갤런의 기름으로 500마일을 가는 차를 만들었다면 뭐 컨셉 갖고 싸울 이유가 없지 않겠어요? 다른 차와 다를 게 하나 없는 에드셀(Edsel)같은 그런 제품을 맡겨올 때 광고의 실패는 눈에 훤히 보인다는 거죠. 아무리 카피를 잘 써도 에드셀은 못 팝니다.

Q 죽이는 슬로건을 쓰면 되지 않을까요?

A 글쎄 안 된다니까요.

Q 1929년부터 지금까지 카피를 써오시면서 특히 좋아하시는 스타일이 있는가요?

A   아니요. 광고카피라이터는 일반 외과의와 비슷해서 하루는 간을 수술하지만 다음날은 맹장을 떼어낼 때도 있는 거죠. 또 안과 시술에 뇌종양까지 전천후 카피라면 그의 가방 안에 모든 경우의 광고 해법을 갖고 있어야 합니다.

Q   그렇다면 이건 매우 무의식적인 기술이군요. 직관력이라고 해야 할까요?

A   아니, 본능대로 가서는 안 돼요. 좀 전에 광고 중에 방향을 완전히 잘 못 잡은 예들이 있다고 했지요? 그런 광고를 1분 30초 정도를 보고도 제품의 이름이나 제품의 생김새가 떠오르지 않거나 이게 맥주인지 담배인지 풍선인지 모른다면 방향을 잡아도 아주 잘못잡은 거지요. 만약에 광고가 본능을 따르는 것이었다면 광고인들이 그토록 많은 연습을 할 필요도 없고 광고효과를 올리는 것이 그렇게 어려운 것도 아니겠지요.

Q   전에 소설에 관해 말씀하셨는데 혹시 시나 책을 쓰십니까?

A   네, 씁니다. 단편과 시를 취미로 쓰죠.

Q   광고를 쓴다는 것이 예를 들어 기사를 쓰는 것보다 어렵습니까?

A   말이 안되는 질문이군요. 둘 다 영어로 뭔가를 쓴다는 거지만, 역도 선수나 의사, 특전사 요원 모두 근육을 쓴다

는 것은 같지만 그게 문제는 아니잖아요. 광고에는 전문적인 기술이 필요하고 기사·시·소설·연극을 쓰는 것도 마찬가지죠.

극작가가 소설을 잘 쓰는 것도 아니고, 소설가가 시를 잘 써야 하는 것도 아니고, 세 사람 다 기자로는 0점일지도 모르지요. 또, 네 명을 다 섞어 놓는다고 광고를 쓰겠습니까? 물론 반대로 클로드 홉킨스나 케네디 대통령, 제가 섞이면 광고는 만들어 내고 유진 오닐처럼 극작가가 되지는 못할 수도 있고요.

Q   하루에 카피를 얼마나 쓰십니까?

A   전 아직 씁니다. 이사회 임원 중에 유일하죠. 카피와 캠페인을 만드는 것이 저의 주업무니까요. 지난 10년 간 제 광고주 중 하나는 제가 쓴 한 줄의 카피에 8,640만 달러를 썼지요. 카피 한 줄에 말입니다. 카피 한 줄에 8,640만 달러! 그 정도면 광고회사 다니는 사람 중에는 최고 아니겠습니까? 엄청난 돈이죠.

Q   그 광고주가 누굽니까?

A   광고주는 기밀입니다.

Q   당신 카피는 누가 손보죠? 스스로 하시나요?

A 저같은 경우, 광고주가 요구하는 사항이 없는 한 스스로 하지요. 광고주 말은 들어줘야 하니까요. 우린 대행사이지 주인이 아니잖습니까?

Q 광고주의 '요구'라고 하시니 광고계의 철칙이 생각나는군요. 광고주들은 흔히 말하지요. "카피에 이 말을 넣어주시오. 이런 상황에 이 모델은 어떨까? 카피 한번 맞춰서 써봐요."

이럴 경우가 오히려 쉽습니까? 어렵습니까? 광고주의 요구대로 하시나요? 아니면 기획위원회 같은 데 따르나요?

A 광고주는 어떤 철칙을 갖고 있죠. 광고주 요구가 있을 경우 10에 9는 도움이 됩니다. 우리가 장사꾼보다 장사를 더 잘할 수는 없지요. 자기 제품이고 회사인데 자기보다 더 잘하는 사람이 있겠습니까? 그러니까 요구를 하는 거죠. 하지만 10에 9는 우리 스스로 광고주보다 더 많은 철칙을 세워놓고 있는 편이죠.

Q 철칙이라 하시면… '고유한 판매제안(Unique Selling Proposition)'을 말씀하십니까?

A 그렇게 간단한 문제가 아니죠. 철칙이란 것은 좋은 광고와 나쁜 광고를 딱 갈라 놓는 게 되니까요. 마치 우리가 이 인터뷰를 시작할 때 심리마술에 대해 관해 얘기한 것과 같아요. 할 수만 있다면 우리 대행사에서는 못 쓰게 하고 싶은

기술이죠. 하지만 TV만 틀었다 하면 60%의 광고는 돈 버리는 줄 모르고 정신 사나운 광고를 하고 있다니까요. 카피라이터는 주관적인 판단에 빠져 끔찍한 광고를 훌륭하다고 할 수 있다는 거죠.

제가 말했듯이 광고는 최소 비용으로 가장 많은 소비자에게 메시지를 전하는 것입니다. 때로 무미건조한 광고가 될 수도 있죠. "이 광고는 정말 내가 했다고 말하기 싫군." 하면서. 그 효과를 위해 모든 크리에이티브한 충동을 누르면서 말이죠. 내 뜻이 소비자에게 전해졌나? 효율적으로? 빼먹은 건 없나? 대부분의 광고주는 문제가 있어서 우리를 찾아옵니다.

닐슨지표에서 MS를 6% 빼앗겼다고 치면, 그리고 1,500만 달러를 해마다 광고에 쓴다면 그의 관심은 어떤 광고를 해서 무슨 상을 타느냐가 아니라 닐슨의 포인트를 어떻게 다시 빼앗아올 것이냐 하는 것입니다. 시든 산문이든 관계없죠.

Q 기술이 필요하겠군요.

A 물론이죠.

Q 그런데 제가 알기로는, 예전에 당신은 카피라이터가 기술인과 예술인의 특성을 다 갖춰야 한다고 하셨는데…….

"데이비드 오길비와 난, 매우 이상하게 들리겠지만 서로의 마음을 거의 들여다보고 있죠. 그 사람의 테크닉은 나와는 다르지요. 난 제약업에 더 많은 일을 갖고 있어요. 헤서웨이 셔츠에 제약광고의 테크닉을 사용하진 않죠. 그러나 두 대행사의 광고를 잘 들여다 보면 당신은 데이빗과 내가 똑같은 신조를 가지고 운영을 하고 있음을 알아챌 수 있을 겁니다."

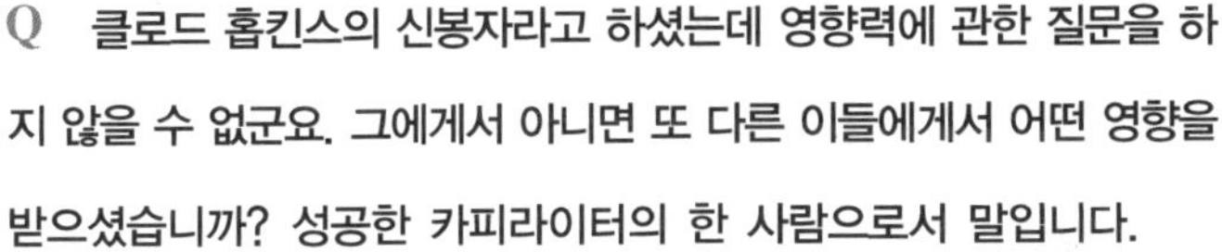

A 헷갈리지 마세요. 다른 식으로 말해 보죠. 당신이 아파서 병원에 간다면 배를 가로로 째든 세로로 째든 무슨 상관입니까? 낫기만 하면 그만이지. 많은 광고인들이 자신들의 존재이유를 잊어버리고 있는 거 같아요. 전설적인 광고 카피라이터도 실패작이 드러나지 않아서 살아있는 경우도 많아요.

Q 클로드 홉킨스의 신봉자라고 하셨는데 영향력에 관한 질문을 하지 않을 수 없군요. 그에게서 아니면 또 다른 이들에게서 어떤 영향을 받으셨습니까? 성공한 카피라이터의 한 사람으로서 말입니다.

A 다시 한번 의학적인 비유를 들어 봅시다. 의사에게 누구의 영향을 받아서 환자를 치료하는지 질문한다 칩시다. 혈액순환을 발견한 Harvey의 영향을 받았다고 말할 수도 있겠죠. 혈액순환을 모르고 의사가 될 수는 없으니까요.

저도 그런 초기 개척자들의 영향을 받았죠. 클로드 홉킨스나 존 케네디도, 세상이 아무리 바뀌어도 변하지 않는 기본법칙을 만든 사람들이었죠. 기본원리는 바뀌는 게 아니니까요. 사람 속에 피는 흐르고 살 속에 뼈가 있듯이. 의사들이 그걸 모르고 되겠습니까? 광고도 똑같아요. 하지만 많은 카피라이터들이 그걸 잘 모르고 있어요.

Q 좀더 카피에 대해 구체적으로 질문해 보겠습니다. 우리는 신문에서 40세 이하의 생활용품 광고 경험을 가진 카피라이터를 구하는 광고를 꽤 볼 수 있습니다. 나이가 카피에 영향을 미친다고 생각하십니까? 나이에 따라 카피 쓰는 능력이 늘었다 줄었다 하는 건지요?

A 늘 그런 질문은 나오지만 말이 안 되는 것 같아요. 다시 말하지만 일반화하지 마세요. 71세의 외과의사 중 세계 최고도 있습니다. 물론 68세 먹은 카피라이터가 요즘 아이들 제품광고 쓰긴 어려울 수도 있죠.

그만큼 젊거나 크리에이티브하지 않기 때문이죠. 하지만 외과의사로는 더 나을 수도 있습니다. 그의 광고가 신선하지는 않을지라도 판매를 5배 올려 놓는다면 된 거 아닙니까? 그게 바로 말 그대로 게임 아니겠습니까?

Q 그럼요, 그럼요. 일반화하지 않고 당신 자신에 대해 생각해 보면, 나이가 들어서 광고 능력이 향상된 것 같습니까? 아니면 떨어진 것 같습니까?

A 그건 아니죠. 세상의 누가, 나는 늙어서 능력이 떨어진다고 하겠습니까? 그렇다면 누가 그의 판단을 믿겠습니까?

Q 역시 예리하시군요. 이 테이블 위에 잡지가 많은데 카피를 안 쓰실 땐 어떻게 재충전하십니까? 일이 없을 때는 뭘 하시죠?

A   난 자마이카 해변에 누워 있거나 맨하탄 체스 클럽에
갑니다. 아니면 '21'에 가서 스카치 소다를 마시거나 집에
가서 자거나 배를 탑니다.

Q   다른 질문을 드려 보겠습니다. 광고를 만드시면서 가장 마음에
든 작품은 무엇입니까? 꼭 성공작이 아니더라도요.

A   캠페인들이 되겠죠. 광고주가 어려운 상황에서 내게 올
때는 광고 하나보다는 캠페인 컨셉이나 캠페인을 준비하는
것이 중요하죠. 10년을 두고 그의 제품이 시장에서 성장한
다면 좋은 캠페인이라고 판단합니다.

베이츠사(Bates)가 좋은 건 요번 해에만 빌링이 2억 5천만
달러나 된다는 거죠. 12월이면 25주년을 맞겠지만 그 동안
놓친 광고주는 하나밖에 없어요. 어느 다른 대행사보다도
크고 까다로운 광고주들이 많지만요. 광고로 먹고 사는 이
들이죠.

아메리칸 홈 프로덕트나 스탠다드 브랜즈, 영미 담배조합,
콜게이트-팜올리브, 윌킨스 면도날 등이죠. 우리가 무능하다
면 지킬 수 없는 광고주입니다. 우린 25주년만에 세계 5위가
되었고 곧 4위가 될 회사지요.

요령으로는 안 돼요. 인간성으로 승부해야죠. 25년 간 수
많은 돈을 쏟은 결과, 우리 광고가 먹힌다는 것을 알게 된
거죠.

Q 당신도 그렇게 말씀했지만 정말 헷갈리는군요. 제가 광고카피를 처음 시작하는 입장이라면 당신 정도의 거장을 만나면 어떻게 하면 카피 실력이 느는지를 물어볼텐데…….

당신처럼 되고 싶어서, 당신처럼 하고 싶어할 테니까요. 그런데 당신 말씀은 그 경험과 기술은 배울 도리가 없다는 말씀같으니… 광고 말고 카피 말이죠.

A 그건 정말 아닙니다. 뉴욕의 제작팀들이 받는 연봉은 550만 달러 정도 됩니다. 우리 회사에는 프랑스, 독일, 영국, 일본 출신의 훈련생들이 굉장히 많아요. 카피라이터 한 명당 한두 명씩 조수로 붙습니다. (애연가인 그는 여기서 담뱃불을 다시 붙였다.)

반짝반짝하는 래드클리프(Radcliff) 졸업생들이 들어와서 첫 TV광고카피를 쓰게 되죠. 한번은 이런 싯구를 쓰더군요. "그녀는 별이 가득한 구름없는 능선의 한밤처럼 다가왔다. 그녀의 눈동자와 실루엣은 모든 아름다움을 간직하고 있었다."

향수 광고였죠. 카피를 쓰고 5분이 지나니 광고의 50초를 낭비했다는 걸 깨닫더군요. 팀장은 그녀의 카피를 벽에서 찢어냈죠. "뭐를 하는 건지 알고 해야지."라고 팀장이 말했지만 1년 반이 지난 후에는 좋은 광고를 쓰더군요. 아마 다시는 그런 TV광고 카피는 꿈도 안 꿀 겁니다. 자기가 뭐하고 있는 건지 모르는 건 정말 프로적이지 못하니까요. 그래서 연습이 필요한 거죠. 카피라이터는 온종일 훈련을 받습니다. 수십 명씩 여기서……

Q 예술가인 척, 기술자인 척하는 것에 당신이 불쾌해하는 데에는 일리가 있군요. 그만큼 좋은 카피를 쓰는 데는 길고도 지루한 훈련이 필요하다는 말씀이시죠? 그 과정을 당신도 겪어내셨고요. 30년 간 광고를 하기 전에는 결론 내릴 수 있는 것이 정말 없겠네요.

A 결론이 없다고는 안 했죠. 결론이야 사전에서 찾아서 122가지 방법으로 말할 수 있지만 그렇게 해서 당신이나 이 글을 읽을 사람들을 괴롭힐 이유가 없다는 거죠. 여기 그러려고 오신 게 아니잖습니까?

Q 제가 묻고 싶은 건, 예컨대 인쇄광고에 강한 이가 TV광고에도 강한지, 카피라이터들이 한두 개의 매체에 전념하는 것이 더 바람직한가 하는 것이었죠.

A 프로라면 TV광고건 인쇄광고건 다 잘해야죠.

Q 이것만은 꼭 드리고 싶은 질문인네요. 카피를 갓 시작한 신출내기에게 줄 충고 한 말씀이 있다면?

A 훌륭한, 누구보다 현실에 발을 둔 대행사에 가라고 하겠어요. 그들이 일하는 방법을 배워야죠. 왜 그 일을 하는지도 배워야 하고요. 훌륭한 카피라이터가 되는 것은 훌륭한 뇌

전문 의사가 되는 것만큼이나 어려워요.

떠돌이 카피라이터 중에는 자기가 엄청난 돈을 받는다고 떠벌리는 사람이 있는데 우리는 그들에게 주당 50달러도 안 줄 겁니다. 요행히 실수가 들통나지 않은 카피라이터들이 대충 그런 방법으로 생계를 꾸리는 경우가 많아요.

Q 실수라뇨?

A 엉터리 광고를 만드는 거죠.

Q 버스 포스터 말씀이군요.

A 그런 거죠. 『광고의 실체』(Reality in Advertising)에서 밝혔듯이 광고와 매출을 바로 연결하기는 힘들어요. 광고를 잘 하면 늘고 못 하면 줄겠지 하는 생각이 틀리다는 거죠. 엉터리같은 광고에도 불구하고 매출이 늘 수는 있어요. 반대로 광고는 제대로 되었는데 매출이 가라앉는 경우도 많아요. 시장에는 온갖 요소가 있으니까요.

다시 말하면 의사를 안 봐도 병의 94%는 낫는다는 거죠. 의사가 제대로 처방을 했는지 안 했는지가 문제인데도 말입니다.

어떤 대행사들은 광고보다 PR카피로 돈을 뿌리는 경우도 있고 광고에 목숨걸고 사는 대행사들도 있죠. 광고가 망하면 같이 망하는 이런 대행사에서라야 광고를 제대로 배울

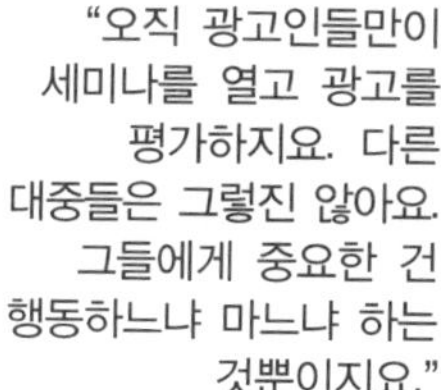

수 있습니다.

가장 큰 경쟁자는 메디슨 가예요. 광고의 프로들이 모여서 올해의 최고와 최악을 뽑죠. (그는 일어나서 책상에 있던 '1964년의 카피' 7월호를 가져왔다.) 최악이라지만 그 중에 두 가지는 집행 된 것 중에 가장 성공적이기도 해요. 하나는 Bates 사의 Action Bleach이고 다른 하나는 Norman, Craig&

Kummel사의 White Knight입니다.

자, 들어보세요. (그가 읽었다.) 어떤 TV광고를 심사위원들은 개인적으로 가장 좋은 광고라고, 또 나쁜 광고라고 생각합니까? (리브스씨는 페이지를 덮고 방문객을 쳐다보았다.)

자, 이 사람들이 이른바 심사위원입니다. 지금 방영되고 있는 성공적인 광고 중에서 최악의 광고 두 개를 선택했습니다.

(그는 Bates사가 만든 Action blecach의 인쇄광고에 대한 평을 좀 더 읽으면서 한 비평가가 '겸손하면서 주부들을 놀라게 하는'이라는 표현을 하였다고 했다. 거대한 손이 세탁기 안에서 올라오는 인쇄광고였다.)

메디슨가에서 내로라하는 베이츠사에는 많은 훌륭한 전문가가 있지만 이건 쓰레기라고 밖에는 표현할 말이 없어요. 자, 지금 이 잡지에서 인쇄물을 보여주었고 또 당신의 잡지에서도 보여주었지만 누구 하나도 그 광고에 대해 의문을 제기한 사람이 없어요. 광고효과에 대해서 말입니다.

비평가들이 단지 주부들은 이 광고를 어떻게 받아들일지 추측하는거죠. 그러니까 좋은지 나쁜지도 몇몇 비평가라고 이름 붙여진 사람의 추측이죠. 하지만 정말 아무도 어떤 얘기도 하지 않았어요. 어디 한번 보시죠. 지금 이게 이상한가요?

Q 정말 그렇군요.

A John Crichton이 『Advertising Age』의 편집장일 때 내가 그에게 누군가 언젠가는 광고상을 적당한 기준에 의해 주게 될 것이라고 말한 적이 있죠. 그 기준이란 한마디로 광고효과입니다. 그 질문은 지금까지의 어떤 광고상에서도 한 번도 논의된 적이 없습니다.

제가 조금 전 읽었던 광고의 심사위원들을 보십시오. 미정보국장, 콜럼비아 경영대학원장, 경제개발위원장, 스미스 대학장, 유명한 PR회사의 사장, 2명의 큰 광고 대행사의 사장들, 모두 25명의 교육자, 편집인, 출판인, 선생님, PR과 광고인들입니다. (리브스씨는 『Saturday Review』의 광고를 평가하는 심사위원들을 말하고 있다.)

그런데 그들은 자신들이 무엇에 대해서 이야기하는지도 모르고 있습니다. 비전문가 몇 명은 이해가 되지만 『Advertising Age』, 『Madison Avenue』 그리고 『Printer's Ink』는 이해를 할 수 없어요. 이론상으로 말하자면 그 잡지들은 모두 상거래 관련 간행물들이고 그렇다면 무엇을 얘기해야 하는 정도는 알고 있어야 하는 것 아닙니까?

Q 물론입니다. 케네디(John E. Kennedy)는 '인쇄된 세일즈맨십(Salesmanship in Print)'이라는 새로운 말을 만들었습니다. 당신은 카피라이터가 먼저라고 생각하십니까? 우연히 글을 쓸 줄 아는 세일즈

맨이겠죠? 아니면 상품을 팔 줄 아는 카피라이터가 먼저라고 생각하십니까?

A 계속 곤란한 질문만 하시는군요.

Q 바보같은 질문인가요? 제가 드리고 싶은 질문은 이렇습니다. 대행사에서 카피라이터가 되려면 먼저 세일즈맨이 되어야 하는지를 묻고 있는 거죠. 글을 쓰는 기술을 향상시키려 애쓰는 카피라이터보다는 파는 힘을 갈고닦는 사람이어야 한다는 얘기죠.

A 동전의 양면같은 건데, 같은 주장을 논하고 있는 거예요. 수학원리로 친다면 역과 대우 그리고 주어진 명제와 이의 관계라고 할까요? 하나가 맞으면 다른 하나도 틀림없이 맞아요. 만약 그 사람이 세일즈맨이 아니라면 그는 잘 팔리는 카피를 쓸 수가 없습니다. 만약 그 사람이 카피를 못 쓴다면 그 사람의 카피는 잘 팔릴 리가 없지요.

Q 그렇다면 경쟁 광고들을 심사하는 광고위원들에 대해서는 반대하는 듯하군요. 심사위원들은 카피가 판매보다는 조금 더 우위라고 생각할 겁니다. 카피에는 기술과 미학이 있는 것 아닐까요?

A Higgins씨, 당신이 『Advertising Age』에서 일하는 것 대신 회사를 운영한다고 해봅시다. 어떤 제품을 생산하는 회사인지는 당신이 정하십시오. 쉐이빙 크림인지, 냉동식품인지, 면도기, 자동차 타이어인지 상관하지 않겠습니다. 그리

고 그 작은 회사에서 백만 달러를 벌었는데 갑자기 이유도 모르게 광고를 하는데도 판매가 계속 떨어진다면?

모든 것이 판매에 달려있습니다. 당신의 미래도, 당신의 가족의 미래도, 직원의 가족들의 미래도… 당신이 이 사무실로 나를 찾아 온다면 그리고는 그 의자에 앉아서 나에게서 무엇을 원하겠습니까? 잘 쓴 글이요? 명작을 원하십니까? 카피라이터에 의해 잘 다듬어진 글을 원하십니까? 아니면 계속 내려가는 판매 커브가 다시 올라가길 바라겠습니까? 무엇을 원하시죠?

Q 제가 무엇을 원할지 알고 계시잖아요.

A 그렇다면 당신의 질문에 답을 스스로 알겠군요. 그렇죠?

Q 그렇습니다. 하지만 당신은 여기서 보기에 좋은 카피보다는 제품이 잘 팔리게 하는 카피를 써야 한다는 점을 가장 중요한 점으로 보시는 것 같은데, 보기에는 좋지 않지만 저는 세탁기에서 팔이 올라오는 부분이 이 광고가 말하려고 하는 가장 중요한 포인트라고 생각합니다. 나는 당신이라면 보기에도 좋고 매출에도 영향을 미치는 그런 카피를 쓸 수 있다고 생각합니다.

A 나는 당신이 보기에 좋다는 것이 무언지 모르겠습니다. 결국 주관적인 문제입니다. David Ogilvy가 처음으로 제약 광고를 시작할 때가 기억나는군요. 그가 그리스 양식의 동

"카피의 효과를 판매와 연결해서 측정하는 건 매우 어렵습니다. 자동차의
경우 특히 더 그렇습니다. 하지만 카피가 정확히 상관관계를 가지는 유일한
분야가 있어요. 제약업이죠. 왜냐하면 제약사업은 카피가 좌우를 하니까요.
오직 카피뿐이죠."

 _광고글쓰기의 아트

상이 있는 광고를 매주 잡지에 게재했을 때 반응은 오히려 소비자들에게 불쾌감만을 야기했을 뿐입니다.

나는 그에게 "당신이 제약광고를 아무리 잘 한다 하더라도 광고계의 사람들과 그리 좋은 관계를 유지하지도 못할 것이고, 잘못하면 더더욱 광고주를 잃는 최악의 결과를 낳을 수도 있을 것이다."라고 편지를 썼습니다. 오길비는 나에게 "그건 간단한 일일 뿐입니다."라고 답장을 보내왔습니다.

이러한 프로젝트가 진행되는 동안 지난 25년 동안 그 제약품에 대한 가능한 모든 카피에 대해 실험할 수 있는 장치를 마련해 왔었습니다. 나는 지금 당신을 시사실로 데려가서 보여줄 것입니다. 나는 당신이 의미하는 '보기에 좋은 것'이 무엇인지 모릅니다. 당신의 아름다움에 대한 정확한 정의를 모르기 때문이기도 합니다. 그러나 나는 당신에게 잘된 제약광고의 전형을 보여 드리겠습니다.

나는 지금부터 같은 제품에 대해 매력적이고 예쁜 20개의 광고를 보여드리겠습니다. 그러나 이것들은 모두 실패했습니다. 당신이 광고주라면 어떤 걸 택하시겠습니까?

단지 광고인들만이 세미나를 열고 광고를 평가합니다. 대중은 세미나를 열지도 않고 광고를 평가하지도 않지만 중요한 것은 대중이 구매활동에 직접적인 영향력을 행사한다는 것입니다. 만약에 내 광고가 제품을 구매하게 만들고 당신이 만든 광고가 그렇게 구매에 영향을 끼치지 못한다면, 내가 먼저 그 광고에 대한 평가를 먼저 내릴 수 있고 그 다음에 당신이 이야기하는 보기에 좋은 것, 안 좋은 것에 대한 토론을 당신과 함께 할 수 있을 것입니다.

우리는 저질광고에 대해 좋은 감정을 가지지 못합니다. 그러나 이런 광고에도 광고계의 베테랑을 찾는 아이디어를 가끔씩 발견할 수도 있습니다. 주먹 두 개만 덩그러니 TV화면에 나타났을 때의 시청자들은 단지 무덤덤한 반응만을 나타낼 뿐이죠. 그러나 당신이 만약 "M&M 초콜릿을 쥐고 있는 손이 어느 손일까요?"라고 물었다면 그 반응은 엄청나게 틀릴 겁니다.

아마 스웨덴 소녀가 나오는 그 버스 포스터처럼 아름답진 못했을지 모릅니다. 하지만 실제로 이 초콜릿 광고가 나간 이후의 반응을 한 마디로 요약하면 새로운 공장을 하나 지을 만큼의 폭발적인 매출신장을 기록했다는 것입니다.

이렇듯 비주얼의 아름다움은 단지 미적 요소를 첨가했다고 해서 광고효과가 높아지지는 않는다는 것입니다. 거기에 어떠한 그림이 들어가든 소비자들의 주의를 끌 수 있는 정확한 메시지가 전제되어야만 소비자들은 그들의 지갑을 열 것입니다.

Q 글쎄요, 리브스씨. 저는 어떤 광고대행사도 비평하러 온 것은 아닙니다. 하지만 당신은 무서울 정도로 매력적이고 따뜻하고 재미있는 카피는 절대로 팔리지 않는다고 생각하시는 것 같습니다.

A 아닙니다. 그런 카피들이 안 팔린다는 것이 아니라 나는 단지 그런 매력적이고, 따뜻하고 재미있는 캠페인이 판매에 영향을 미치지 못하는 경우를 천 번도 넘게 보았다고 말하는 것 뿐입니다.

제가 처음에 카피가 제품판매에 미치는 관계를 수치로 계산하기는 어렵다고 했는데 자동차의 경우에는 특히 더 그렇습니다. 그렇지만 제약계 한 분야만은 카피가 제품판매에 큰 영향을 미칩니다. 제약광고는 순수 카피로만 되는 작업이기 때문입니다. 그야말로 카피의 영역이죠.

Q 의사의 처방이 필요한 약을 말씀하시는 건가요? 아니면 특허매약을 말씀하시는 건가요?

A 특허매약이죠. 그런 제품들은 세일즈맨이 없습니다. 자, 제가 『LIFE』라는 잡지를 들었습니다. (리브스는 『LIFE』의 Excedrin이라는 제품의 작은 광고가 있는 페이지를 펼쳤다.) Bristol-Myers사의 엑세드린이라는 약품광고입니다. 이 광고가 보기에 좋다고 생각하십니까? 약병을 손으로 들고 있는 그림이군요.

Q   아니요. 하지만 싫지도 않습니다.

A   재미있거나 매력적입니까? 제가 카피를 읽어드리죠. "3천 백만 명이 넘는 사람들이 새로운 엑세드린을 만나게 되었습니다. 더 강해진 진통제. 아스피린의 50배나 더 강한 두통약…"

Q   특별히 싫지도 자극적이지도 않은데요.

A   글쎄요. 저는 굉장히 자극적이라고 생각합니다. 왜냐하면 이 제품의 경쟁 상품의 광고카피를 제가 썼습니다. 그리고 지난 2년 동안 그 광고로 7%의 두통약 시장을 차지했습니다. 당신은 별로 특별할 게 없다고 생각하겠지만 두통이 있는 2억 미국인들 중에서 7%의 사람들이 지금은 엑세드린을 선택합니다. 내 생각에는 이게 바로 게임이라는 거죠.

Q   제가 지금 두통이 생기는 것 같습니다. (웃음) 하지만 진지하게 말해서 저는 비평가로서가 아니라…….

A   아니, 아닙니다. 나는 그저 무의미한 일반적인 얘기가 아닌 인터뷰를 좀 더 흥미있게 하기 위한 거지요. 그게 전부예요.

Q 여담이지만 어떻게 광고계에 들어오시게 되었죠?

A 1929년 버지니아에 있는 리치몬드 은행의 광고 매니저로 처음 일을 시작했습니다.

Q 그 후에는요?

A 뉴욕으로 와서 Cecil, Warwick & Cecil(지금은 Warwick & Legler)의 카피라이터가 됐죠. 그리고 거기에서 해고되고 Ruthrauff & Ryan에서 4년 동안 일했습니다.

Q 세실에서 바로 일을 시작하셨습니까? 광고 일을 시작하는 데 어떤 어려움은 없었습니까?

A 없었습니다. 뉴욕에서 일주일에 34달러 50센트를 받는 일을 하는 대신 버지니아에 있는 은행 구좌를 다른 사람에게 주었지요.

(인터뷰는 여기서 끝나고 리브스는 방문객들이 장비를 챙겨서 떠날 준비를 하는 동안 담배를 피우기 시작했다. 대화는 카피라이터 '명예의 전당' 상에 대해서 시작되었다. 녹음기는 계속 돌아가고 있었고 리브스는 계속 얘기를 했다.)

최근에 뉴욕 Advertising Club에서 편지가 왔는데 나에게 좋은 광고를 뽑는 심사위원이 될 생각이 있는지를 물어왔어요. 그래서 전혀 생각이 없고 현재도 너무 많은 심사위원이 있는데 내 생각엔 심사위원들이 오히려 광고계를 위해서 좋

은 영향보다는 나쁜 영향을 끼치는 것 같다고 답장을 보냈
지요.

때때로 우리는 젊고 유능한 인재들을 고용하고는 1년 안
에 그 사람들에게서 모든 것을 빼내는 일도 많지요. 하여튼
나는 뉴욕 Advertising Club 회장에게 중죄를 지을 생각이
전혀 없으니 심사위원이 될 생각도 없다고 했지요. 이틀 전
에 Advertising Writers Assn. of New York에서 나를 추천한
사람과 점심식사를 했는데…….

Q 다들 예술가인 척, 거장인 척하는 광고계에서 당신과 같은 광고
계의 불한당을 명예의 전당 카피라이터로 추천하는 것이 새로운 좋
은 시작이라고 생각하지 않나요?

A 광고계의 불한당이라니 재미있네요. 예술가인 척, 거장
인 척하는 광고계의 불한당이라… 그런데 저는 좋은 광고를
만들려고 하는 광고계의 좋은 사람입니다. 그런데 명예의
전당 시상식에서 상을 타면 금으로 된 열쇠를 줄 때 그들은
과연 그 열쇠를 받는 사람이 좋은 광고 캠페인을 써서 주는
것인지 아니면 단지 그 사람이 좋은 캠페인을 썼을 거라고
짐작으로 주는 건지 아무런 증거도 없잖아요.

명예의 전당이 정말 진정한 명예의 전당이 되려면 그리
고 정말 훌륭한 캠페인을 고르려면 지금은 이미 사망한 역
사속의 전설적인 Willbur Ruthrauff, John Kennedy, Claude

Hopkins, Sterling Getchell, O.B. Winters, Sid Schwinn 등과
같이 구매에 영향을 끼쳐 시장을 바꿔놓은 기록적인 캠페
인의 카피라이터들에게 금으로 된 열쇠를 주어야 할 것입
니다.

좋은 캠페인이었다는 명백한 증거가 그 안에 모두 있으니
까요. 당신이 예술가인 척하는 사람들이라고 표현한 그들을
나는 광고에 대해서 그릇된 기준을 가지고 있는 사람이라고
표현합니다.

Q 캠페인에 대해서 잠시 얘기하자면, 당신은 당신 개인 취향에 따
라 아이디어를 정리한 적은 없지요.

A 일하면서 정말로 신나고 즐거웠던 경우를 얘기하죠.
1945년 켄터키주의 루이스빌에서 바이스로이(Viceroy)담배
한 갑을 사장의 책상에서 꺼내 들었죠. 그러고는 "누가 만드
는 거죠?"하고 물었습니다.

사장은 "우리가 만듭니다"라고 대답했고 나는 다시 "어디
에서 광고대행을 하지요?"라고 물었을 때, 사장은 "어디서
도 하고 있지 않습니다. 그냥 잠자고 있는 거지요."

나는 "제가 한번 캠페인을 써 보지요. 필터 담배라구요?
그 내용을 가지고 시작해 보지요." 그러자 사장은 "그러면
좋습니다. 4만 1,000달러가 Kool담배의 예산에서 남아 있
으니 그 4만 1,000달러로 당신이 하고 싶은 대로 해보십

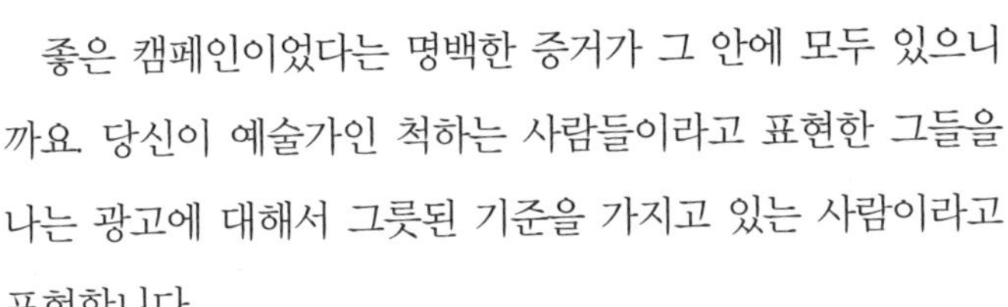

177

시오.”

그래서 나는 “2만 개의 작은 필터 구멍－다른 브랜드의 2배입니다”는 캠페인을 썼습니다. 바이스로이는 광고비로 1년에 1,800백만 달러를 쓰게 되었습니다. 다시 말하지만, 게임의 법칙이 바로 이런 거지요.

여러 가지 주관적인 판단을 원하시는 것이 많겠지만 그리고 예술가연 거장연 하는 친구들 얘기를 하셨지만 제 기준은 분명 다릅니다. 기왕에 제가 언급한 카피 한 줄을 예로 들어 볼까요? 큰 제약회사가 돈이 된다는 확신 없이는 절대 8,640만 달러라는 거금을 쓰진 않습니다. TV-CM 하나에 말입니다. 제작비만 해도 8,200달러가 든 그 카피는 ‘바람과 함께 사라진’ 돈보다 훨씬 많은 수익을 창출해 냈습니다.

Q 그 CM이 어땠었는지 듣고 싶군요.

A 그것은 ANACIN 광고였어요. 당신도 알다시피 우리는 광고를 한 가지 관점에서 봐요. 그리고 광고에 종사하는 대부분의 다른 사람들은 그걸 다르게 보죠. 오길비와 나는 이상하리만치 그 시각이 정반대입니다. 그의 테크닉은 나의 것과는 달라요.

나는 그보다 제약광고를 많이 했어요. 오길비의 푸에토리코 관광광고와 해서웨이 셔츠 광고는 테크닉면에서 나의 제약광고와는 많이 틀리죠. 그러나 이 두 대행사의 광고를 본다면 당신은 나와 오길비가 같은 원칙에서 광고를 만들고 있다는 사실을 알게 될 겁니다. 그의 롤스로이스 광고에는 거의 과장이 없습니다.

실제로 오길비 자신은 당신에게 자신이 전개하고 있는 캠페인이 '과학적인 광고'라는 이름으로 클라우드 홉킨스 북에 3페이지에 걸쳐 게재되고 있음을 말해줄 것입니다. 겨우 70페이지 분량의 책인데… 그걸 읽어보면 당신은 롤스로이스 광고에 대해 자세히 알 수 있을 겁니다. 그 광고가 어떻게 쓰여졌는지, 무엇을 말하고 있는지. 1925년에 쓰여진 그 책을 보면 당신은 오길비가 똑같은 원칙을 사용하고 있는 걸 알 수 있습니다.

그럼, 요약을 해 보도록 하죠. 예술가인 척, 거장인 척하는 사람들이 있어요. 그들은 자신들의 광고는 달라야 한다고 믿고 있죠. 이상하리만치 카피라이터들은 엉터리 이론적 해설을 가지고 있습니다. 작은 차이를 만든 후에는 열정적으로 변론합니다. 그들의 불합리한 논쟁은 그들 스스로에게는 눈에 띄지 않지만 대중이나 자영업자들에게는 너 무의미하지요.

사실 대단히 설득력있는 소리같이 들립니다. 그 내용을 이야기하자면 첫째, 제품이 아니라 광고가 수많은 다른 광고의 메시지와 경쟁하여야 한다. 둘째, 광고는 관심을 끌어

야 한다. 합당한 이야기 같죠? 셋째, 그래서 그 광고는 다른 광고와 틀려야 한다.

이런 합리화는 제품을 무시하게 되고 광고의 기능 또한 발휘되지 않게 할 것입니다. 목적과 수단을 혼동하는 고전적인 사례이죠. 만약 제품이 돈을 주고 살 가치가 있다면 그 제품은 관심을 끌 가치가 있다는 것입니다. 소비자의 관심을 끌기 위해 그들을 놀라게 하거나 즐겁게 할 필요는 없습니다.

아름다운 스웨덴 소녀의 포스터에 대해서 얘기했었죠? 그 광고를 만든 사람은 광고를 보는 나를 놀라고 즐겁게 만들어서 내가 그 제품을 보고 기억하게 만들려고 했었지요. 하지만 나는 당신이 그 제품 이름을 얘기해 주었지만 벌써 잊어버린 지 오래입니다.

만약 내가 달력 속의 페인트 광고의 누드모델 마릴린 몬로와 결혼했었다면 당연히 전혀 다른 모양의 페인트 광고가 됐을 겁니다. 하지만 나는 제가 조금 전 얘기한 그 틀린 논리의 사슬에 빠졌을 겁니다.(인터뷰 도중에 대행사 직원 한 사람이 『LIFE』에 게재할 광고 카피의 한 구절을 가져와서 읽었다. ‘Latex로 두 벌 칠을!’로 시작되는 Dutch Boy 페인트 광고였다. “이 쪽 카피가 좋군요”라고 리브스는 말했다.)

맨 처음의, 어떻게 카피라이터를 훈육시키는지의 토론으로 돌아가 봅시다. 우리가 맨 처음으로 그들에게 시키는 것은 제품을 흥미있게 표현하라는 것입니다. 단지 광고만 다르게 만들지 말라는 것이지요. 이 점을 오늘날 미국의 많은 카피라이터들이 아직도 이해하지 못하고 있습니다.

이 책의 지은이에 대하여

엮은이 데니스 히긴스 Denis Higgins

세계적인 광고전문지『Advertising Age』의 편집주간을 지냈으며 〈뉴욕 카피라이터 명예의 전당〉에 추대된 5명의 거장 카피라이터들과 인터뷰를 진행하고 그 내용을 단행본으로 엮었다.

옮긴이 이현우

현재 동의대학교 광고홍보학과 교수.

대홍기획, 제일기획 등의 광고대행사에서 카피라이터와 크리에이티브 디렉터로 일하면서 삼성전자, 서울우유, 동아일보, 롯데제과 등 많은 브랜드의 광고를 제작했다. 광고칼럼니스트로 다양한 매체에 글을 쓰고 있다.

저서에『광고, 묘약인가 마약인가?』,『광고발상과 전략의 텍스트』 등이 있다.